香港文庫
新古今香港系列

The Secret
History of
Hong Kong's
Western District
Streets

香港西區街道故事

魯金————著

新古今香港系列

總

序

香港，作為中國南部海濱一個重要的海港城市，有著特殊的社會經歷和文化特質。它既是中華文化值得驕傲的部分，又是具有強烈個性的部分。尤其在近現代時期，由於處於中西文化交匯的前沿地帶，因而還擁有融匯中西的大時代特徵。回顧和整理香港歷史文化積累的成果，遠遠超出整理一般地域文化歷史的意義。從宏觀的角度看，它在特定的時空範疇展現了中華文化承傳、包容的強大生命力，從而也反映了世界近代文化發展的複雜性和多面性。

梁啟超在《中國歷史研究法》中對有系統地收集史料和研究成果的重要性，曾作這樣的論述：

> 大抵史料之為物，往往有單舉一事，覺其無足輕重；及彙集同類之若干事比而觀之，則一時代之狀況可以跳活表現。比如治庭院者，孤植草花一本，無足觀也；若集千萬本，蒔已成畦，則絢爛炫目矣。[1]

近三十年來香港歷史文化研究，已有長足的進步，而對香港社會歷史文化的認識，到了一個全面、深入認識、整理和繼續探索的階段，因而《香港文庫》可視為時代呼喚的產物。

1　梁啟超：《中國歷史研究法》〔香港：三聯書店（香港）有限公司，2000〕，69頁。

（一）

　　曾經在一段時間內，有些人把香港的歷史發展過程概括為從"小漁村到大都會"，即把香港的歷史過程，僅僅定格在近現代史的範疇。不知為甚麼這句話慢慢成了不少人的慣用語，以致影響到人們對香港歷史整體的認識，故確有必要作一些澄清。

　　從目前考古掌握的資料來看，香港地區的有人類活動歷史起碼可以上溯到新石器中期和晚期，是屬於環珠江口的大灣文化系統的一部分。由此我們可以清楚地看到，香港的地理位置從遠古時期開始，就決定了它與中國內地不可分割的歷史關係。它一方面與鄰近的珠江三角洲人群的文化互動交流，同時與長江流域一帶的良渚文化有著淵源的關係。到了青銅器時代，中原地區的商殷文化，透過粵東地區的浮濱文化的傳遞，已經來到香港。[2]

　　還有一點不可忽視的是，香港位於中國東南沿海，處於東亞古代海上走廊的中段，所以它有著深遠的古代人口流動和文化交流的歷史痕跡。古代的這種歷史留痕，正好解釋它為甚麼在近現代能迅速崛起所具備的自然因素。天然的優良港口在人類歷史的"大

2　參看香港古物古蹟辦事處：〈香港近年的考古發現與研究〉，載《考古》第 6 期（2007），3–7 頁。

vii

航海時代"被發掘和利用,是順理成章的事,而它的地理位置和深厚的歷史文化根源,正是香港必然回歸祖國的天命。

香港實際在秦代已正式納入中國版圖。而在秦漢之際所建立的南越國,為後來被稱為"嶺南"的地區奠定了重要的政治、經濟和文化基礎。[3]香港當時不是區域政治文化中心,還沒有展示它的魅力,但是身處中國南方的發展時期,大區域的環境無疑為它鋪墊了一種潛在的發展力量。我們應該看到,當漢代,廣東的重要對外港口從徐聞、合浦轉到廣州港以後,從廣州出海西行到南印度"黃支"的海路,途經現在香港地區的海域。香港九龍漢墓的發現可以充分證實,香港地區當時已經成為南方人口流動、散播的區域之一了。[4]所以研究中國古代海上絲綢之路,不應該完全忘卻對香港古代史的研究。

到了唐宋時期,廣東地區的嶺南文化格局已經形成。中國人口和政治重心的南移、珠江三角洲地區進入"土地生長期"等因素都為香港人口流動的加速帶來新動力。所以從宋、元、明開始,內地遷移來香港地區生活的人口漸次增加,現在部分香港原住民就

3　參看張榮方、黃淼章:《南越國史》(廣州:廣東人民出版社,1995)。

4　參看區家發:〈香港考古成果及其啟示〉,載王賡武主編:《香港史新編》(增訂版)〔香港:三聯書店(香港)有限公司,2017〕,3–42頁。

是這段歷史時期遷來的。[5] 香港作為一個地區，應該包括港島、九龍半島和新界三個部分，所以到十九世紀四十年代，香港絕對不能說"只是一條漁村"。

我們在回顧香港歷史的時候，常常責難晚清政府無能，把香港割讓給英國，但是即使是那樣，清朝在《南京條約》簽訂以後，還是在九龍尖沙咀建立了兩座砲台，後來又以九龍寨城為中心，加強捍衛南九龍一帶的土地。[6] 這一切說明清王朝，特別是一些盡忠職守的將領一直沒有忘記自己國家的土地和百姓，而到了今天，我們卻沒有意識到說香港當英國人來到的時候只是"一條漁村"，這種說法從史實的角度看是片面的，而這種謬誤對年輕一代會造成歸屬感的錯覺，很容易被引申為十九世紀中期以後，英國人來了，香港才開始它的歷史，以致完整的歷史演變過程被隱去了部分。所以從某種意義上看，懂得古代香港的歷史是為了懂得自己社會和文化的根，懂得今天香港回歸祖國的歷史必然。因此，致力於香港在十九世紀中葉以前歷史的研究和整理，是我們《香港文庫》特別重視的一大宗旨。

5　參看霍啟昌：〈十九世紀中葉以前的香港〉，載《香港史新編》（增訂版），43–66 頁。

6　其實我們如果細心觀察九龍城在第一次鴉片戰爭以後形成的過程，便可以看到清王朝對香港地區土地力圖保護的態度，而後來南九龍的土地在第二次鴉片戰爭中失去，主要是因為軍事力量對比過於懸殊。

（二）

　　曲折和特別的近現代社會進程賦予這個地區的歷史以豐富內涵，所以香港研究是一個範圍頗為複雜的地域研究。為此，本文庫明確以香港人文社會科學為範疇，以歷史文化研究資料、文獻和成果作為文庫的重心。具體來說，它以收集歷史和當代各類人文社會科學方面的作品和有關文獻資料為己任，目的是為了使社會大眾能全面認識香港文化發展的歷程而建立的一個帶知識性、資料性和研究性的文獻平台，充分發揮社會現存有關香港人文社會科學方面資料和成果的作用，承前啟後，以史為鑒。在為人類的文明積累文化成果的同時，也為香港社會的向前邁進盡一份力。

　　我們希望《香港文庫》能為讀者提供香港歷史文化發展各個時期、各種層面的狀況和視野，而每一種作品或資料都安排有具體、清晰的資料或內容介紹和分析，以序言的形式出現，表現編者的選編角度和評述，供讀者參考。從整個文庫來看，它將會呈現香港歷史文化發展的宏觀脈絡和線索，而從具體一個作品來看，又是一個個案、專題的資料集合或微觀的觀察和分析，為大眾深入了解香港歷史文化提供線索或背景資料。

　　從歷史的宏觀來看，每一個區域的歷史文化都有時代的差異，不同的歷史時期會呈現出不同的狀況，歷史的進程有快有慢，有起有伏；從歷史的微觀來看，不同層面的歷史文化的發展和變化會存在不平衡的狀態，不同文化層次存在著互動，這就決定了文庫在選題上有時代和不同層面方面的差異。我們的原則是實事求是，不求不同時代和不同層面上數量的刻板均衡，所以本文庫並非面面俱到，但求重點突出。

在結構上，我們把《香港文庫》分為三個系列：

1. "香港文庫‧新古今香港系列"。這是在原三聯書店（香港）有限公司於 1988 年開始出版的"古今香港系列"基礎上編纂的一套香港社會歷史文化系列。以在香港歷史中產生過一定影響的人、事、物和事件為主，以通俗易懂的敘述方式，配合珍貴的歷史圖片，呈現出香港歷史與文化的各個側面。此系列屬於普及類型作品，但絕不放棄忠於史實、言必有據的嚴謹要求。作品可適當運用注解，但一般不作詳細考證、書後附有參考書目，以供讀者進一步閱讀參考，故與一般掌故性作品以鋪排故事敘述形式為主亦有區別。

"香港文庫‧新古今香港系列"部分作品來自原"古今香港系列"。凡此類作品，應對原作品作認真的審讀，特別是對所徵引的資料部分，應認真查對、核實，亦可對原作品的內容作必要的增訂或說明，使其更為完整。若需作大量修改者，則應以重新撰寫方式處理。

本系列的讀者定位為有高中至大專水平以上的讀者，故要求可讀性與學術性相結合。以文字為主，配有圖片，數量按題材需要而定，一般不超過 30 幅。每種字數在 10 到 15 萬字之間。文中可有少量注解，但不作考證或辯論性的注釋。本系列既非純掌故歷史叢書，又非時論或純學術著作，內容以保留香港地域歷史文化為主旨。歡迎提出新的理論性見解，但不宜佔作品過大篇幅。希望此系列成為一套有保留價值的香港歷史文化叢書，成為廣大青少年讀者和地方史教育的重要參考資料。

2. "香港文庫・研究資料叢刊"。這是一套有關香港歷史文化研究的資料叢書，出版目的在於有計劃地保留一批具研究香港歷史文化價值的重要資料。它主要包括歷史文獻、地方文獻（地方誌、譜牒、日記、書信等）、歷史檔案、碑刻、口述歷史、調查報告、歷史地圖及圖像以及具特別參考價值的經典性歷史文化研究作品等。出版的讀者對象主要是大、中學生與教師，學術研究者、研究機構和圖書館。

本叢刊出版強調以原文的語種出版，特別是原始資料之文本；亦可出版中外對照之版本，以方便不同讀者需要。而屬經過整理、分析而撰寫的作品，雖然不是第一手資料，但隨時代過去，那些經過反復證明甚具資料價值者，亦可列入此類；翻譯作品，亦屬同類。

每種作品應有序言或體例說明其資料來源、編纂
體例及其研究價值。編纂者可在原著中加注釋、說明
或按語，但均不宜太多、太長，所有資料應注明出處。

本叢刊對作品版本的要求較高，應以學術研究常
規格式為規範。

作為一個國際都會，香港在研究資料的整理方面
有一定的基礎，但從當代資料學的高要求來說，仍需
努力，希望叢刊的出版能在這方面作出貢獻。

3."香港文庫‧學術研究專題"。香港地區的特
殊地理位置和經歷，決定了這部分內容的重要。無論
在古代作為中國南部邊陲地帶與鄰近地區的接觸和交
往，還是在大航海時代與西方殖民勢力的關係，以至
今天實行的"一國兩制"，都有不少是值得深入研究的
課題。人們常用"破解"一詞去形容自然科學方面獲
得新知的過程，其實在人文社會科學方面也是如此。
人類社會發展過程的地區差異和時代變遷，都需要不
斷的深入研究和探討，才能比較準確認識它的過去，
如何承傳和轉變至今天，又如何發展到明天。而學術
研究正是從較深層次去探索社會，探索人與自然的關
係，把人們的認識提高到理性的階段。所以，圍繞香
港問題的學術研究，就是認識香港的理性表現，它的
成果無疑會成為香港文化積累和水平的象徵。

由於香港無論在古代和近現代都處在不同民族和
不同地區人口的交匯點，東西不同的理論、價值觀和

文化之間的碰撞也特別明顯。尤其是在近世以來，世界的交往越來越頻密，軟實力的角力和博弈在這裡無聲地展開，香港不僅在國際經濟上已經顯示了它的地位，而且在文化上的戰略地位也顯得越來越重要。中國要在國際事務上取得話語權，不僅要有政治、經濟和軍事等方面的實力，在文化領域上也應要顯現出相應的水平。從這個方面看，有關香港研究的學術著作出版就顯得更加重要了。

"香港文庫‧學術研究專題"系列是集合有關香港人文社會科學專題著作的重要園地，要求作品在學術方面達到較高的水平，或在資料的運用方面較前人有新的突破，或是在理論方面有新的建樹，作品在體系結構方面應完整。我們重視在學術上的國際交流和對話，認為這是繁榮學術的重要手段，但卻反對無的放矢，生搬硬套，只在形式上抄襲西方著述"新理論"的作品。我們在選題、審稿和出版方面一定嚴格按照學術的規範進行，不趕潮流，不跟風。特別歡迎大專院校的專業人士和個人的研究者"十年磨一劍"式的作品，也歡迎翻譯外文有關香港高學術水平的著作。

（三）

簡而言之，我們把《香港文庫》的結構劃分為三個系列，是希望把普及、資料和學術的功能結合成一個文化積累的平台，把香港近現代以前、殖民時代和回歸以後的經驗以人文和社會科學的視角作較全面的探索和思考。我們將以一種開放的態度，以融匯穿越時空和各種文化的氣度，實事求是的精神，踏踏實實做好這件有意義的文化工作。

香港在近現代和當代時期與國際交往的歷史使其在文化交流方面亦存在不少值得總結的經驗，這方面實際可視為一種香港當代社會資本，值得開拓和保存。

毋庸置疑，《香港文庫》是大中華文化圈的一部分，是匯聚百川的中華文化大河的一條支流。香港的近現代歷史已經有力證明，我們在世界走向融合的歷史進程中，保留中華文化傳統的重要。香港今天的文化成果，說到底與中國文化一直都是香港文化底色的關係甚大。我們堅信過去如此，現在如此，將來也一定如此。

鄭德華

遠望港島中西區海旁一帶，約攝於 1960 年代。近海第一排最高的七層
高建築是位於德輔道中的舊中環消防總局，俗稱「水車館」，現址為恒
生銀行總行大廈。

上環一帶，約攝於 1960 年代，近海旁的大馬路為干諾道中。

CENTRAL MARKET, HONGKONG

第三代的中環街市，座落於德輔道中與皇后大道中，約攝於 1920 年代。當時的中環街市是一座用紅磚建成的一層高建築，屋頂為瓦面結構。

第三代的中環街市。由於街市以低地為地基,不與皇
后大道呈一水平,故用兩座天橋石楷自建築搭出皇后
大道,作為街市的入口。

現時的第四代中環街市，經過市區重建局進行活化後，於 2021 年重新
對外開放。

戰後的皇后大道中和域多利皇后街交界處，右方是第三代中環街市的位置。香港開埠之初到 1860 年，華人及西人住宅區以中環街市側的域多利皇后街嚴格分隔，此街以東是西人住宅及洋行的集中地，以西則為華人住宅及商業區。

德輔道中皇后像廣場一帶,約攝於 1970 年代。廣場正後方的建築是第三代香港滙豐總行大廈,其舊址是舊香港大會堂。左方的圓頂建築是當時的高等法院,即港人熟悉的前立法會大樓及現終審法院大樓。

座落於德輔道中的第三代郵政總局，約攝於 1920 年代，其現址為環球大廈。

圖為現時華富邨附近的薄扶林村，該村的大部分村民都是在開埠之後遷來居住的。現在的薄扶林道，是因該處古有薄鳧林村而命名，但古村早已消失。

百年歷史的中華基督教青年會，現仍屹立於上環必列者士街。

上環街市在 1910 年代建成，北座在 1991 年保育活化成 "西港城"。

位於上環普仁街東華醫院主樓地下的東華醫院禮堂，1872 年落成，不少東華三院的重要會議及大型活動，如會員大會、董事局交職典禮等都曾在此禮堂舉行。東華三院是香港一個歷史悠久且重要的華人組織，與香港的發展息息相關。

目
錄

水坑口和上環

佔領留下的歷史烙印

水坑口在上環，自上環街市以西的一段皇后大道中，從前通稱為水坑口，本來是一個地區的通稱，現在已很少人這樣稱呼了，因為"水坑"已經不存在很久。現在留下一條街道，名"水坑口街"，這條街道從荷李活道斜斜而下，至皇后大道中止。這是本港一條古老的街道。

"水坑口街"的英文名稱為 Possession Street。英文名稱與"水"和"坑"都沒有關係，這 Possession 是佔領的意思，譯意當為"佔領街"，為什麼這條街會用一個"佔領"的名字呢？原因是，當 1841 年英軍佔領香港時，該處是英軍登陸的地方，即最先佔領的地方。後來開闢街道，故稱之為"佔領街"，留下了歷史的烙印。

原來在 1841 年時，香港海岸線比現時要向南移約千多碼，當初的海岸線在現時的皇后大道南邊，自中環到上環，都是以皇后大道中南邊的地方為海岸線。英軍乘軍艦來港，要找一處較安全的海灣登岸完成"佔領"的手續，最適當的地方，就是水坑口前面的海灣，因此英艦就停泊在海面，英軍乘小艇登陸，先在現時的水坑口街外豎起第一面英國旗,表示已經佔領了全島,在很多英文古籍當中,稱該處為"佔領角",一些英文古老地圖,亦有"佔領角"一地,其地理位置,就是現時的水坑口街。為什麼英軍選擇在水坑口街登陸呢?主要原因是該處有條大水坑。

軍隊佔領一處地方,必然先在該處紮下軍營,紮營的地區,首先要有水源。水坑口當時有一條瀑布,從荷李活道上面沖下來,水質極為甘冽,這正是水源最佳的地方,因此英軍就在該處登陸,先行佔領水坑附近的地方紮營。

這條水坑上面,有一塊較為平坦的凸出地,這塊地離水坑只數十步,地勢凸出而平坦,可瞭望整個香港的海港,宜於紮下軍營。於是軍隊就在該處紮營,在該處豎立旗竿,升起米字旗。這塊土地,就是上環"大笪地",它的位置在水坑口街旁邊。英軍中的工兵,就開始在該處建築香港第一條街道荷李活道。而大笪地的軍營,就叫"西營盤",因該處在香港的西面。

英軍以水坑口和大笪地為據點,一邊開闢道路,一邊將軍隊擴展到港島各方面去。其擴展的路線,都是以荷李活道為中心的,這條路原是鄉村的山路,古已有之,它向山上伸展,可到薄扶林道和香港仔,可到太平山,東面可到跑馬地、灣仔與銅鑼灣。這條山路,就是裙帶路,街坊們有興趣,不妨到水坑口街和

3

大笪地一帶去觀察，就會發現，現時的東華醫院及其附近一帶的地勢，和大笪地聯成一氣。這一片廣大的地區，就是當時英軍紮營之地，它就是"西營盤"的所在。故此，後來這一帶山下的新開發和填海地區，通稱為"西營盤"。

最先抵港佔領的卑路乍軍官

關於英軍在 1841 年登陸水坑口時的情形，可參考馬沅所著《港島割讓史略》及司徒胡君麗寫的《香港史話》。《香港史話》中譯本載云：

義律派海軍指揮白萊謨（J. J. Bremer）去接收香港。一八四一年一月二十六日，白萊謨帶領一批海軍在太平山下登陸。他們豎掛起英國國旗，將他們登陸的地方取名"接收點"（Possession Point）。

譯文中的"白萊謨"即我國近代史作者所通譯的"伯麥"將軍，他是由澳門來香港的。所謂"接收點"即"佔領角"。《香港史話》原為香港電台英文節目中對兒童聽眾的講稿，中譯本由許性初先生所譯。許先生既未參考中國各近代史學者對"伯麥"的通譯性，而譯為"白萊謨"，同時亦未參考香港中國史地研究者對"佔領角"一詞的通譯性，而稱之為"接收點"。

本港地名有中文通譯性，其中英文的 Point，通譯為
"角"，而不譯為"點"，故另一本由林友蘭所著的《香
港史話》則稱：

公元一八四一年一月二十六日，英國駐遠東艦隊支隊
司令伯麥率領他的部屬，登上香港島西北一個高約二百呎的
海角，舉行一項隆重的升旗儀式。數百名官兵在英國國旗舟
舟上升的當兒，鳴槍慶祝，海面上的英艦同時亦放禮炮，一
時煙硝彌漫，炮聲隆隆，打破四野的沉寂。（自註云：這海
角後定名為"佔領角"，即今日上環水坑口街附近的大笪地
所在。）

本港有很多地名和街道名稱，是和當時佔領香港
有關的。考英軍佔領香港之時，先於《南京條約》訂
立之前一年半。因 1841 年初，義律和琦善訂立了《穿
鼻條約》，由琦善以清廷的欽差大臣身分割香港給英
國，故義律先派艦隊司令伯麥來港佔領。其後英國調
回義律，再派砵甸乍來華發動大規模的鴉片戰爭，迫
清廷訂立《南京條約》，才正式割據香港。上引各文，
都是《南京條約》訂立前英軍佔領香港時的情形。馬
沅的《港島割讓史略》稱：

中英兩國歷年齟齬，屢起衝突。一八四一年一月中旬，
兩軍復激戰於珠江流域，清軍敗績。此役既終，英軍即根據

滿清欽使琦善之和議協定（即《穿鼻條約》）接收香港。其時義律已南返駐節澳門，曾於一月二十日以駐華欽使兼商務總監、海軍少佐名義在澳門發表佈告，通告在華英僑，謂香港一島現經永遠割讓於英國。同月二十五日英國海軍少佐庇爾乍（Belcher）率同官佐多人登陸，在太平山豎立英國旗。翌日（道光廿年庚子十二月十八日）英國遠東艦隊司令伯麥，率領全隊軍艦由澳來港，正式接收土地。時英國女王維多利亞在位。故名其地曰"皇后城"。

此項記載與上述兩書所載略有不同，即佔領香港之時，是 1841 年 1 月 25 日，是由"庇爾乍"先來佔領。這"庇爾乍"即卑路乍，今西環卑路乍街以其人名命名。

英國海軍小將卑路乍是最先抵港佔領的軍官，他於 1841 年 1 月 25 日來港，在水坑口登陸，豎起了第一面英國旗，故水坑口街的英文名意譯為"佔領街"，它是首先佔領之地。

而大笪地則是第二天艦隊司令伯麥作官式佔領之時，他在大笪地上舉行正式儀式。因這時英軍已在該處建成軍營，可供英軍佔領之用。卑路乍當時是乘坐"硫磺號"戰艦來港，他是由香港島北邊，經過南丫島旁邊而入上環，因此現時香港地圖上的海灣名稱，留下了當時的歷史痕跡。照《政府地圖指南》上冊第79 頁所載的地圖，西環摩星嶺對開的海峽，名硫磺海峽，硫磺（Sulphur）正是卑路乍所乘的戰艦的名稱，它是第一艘經過該處而佔領香港的戰艦，故將該海峽定名為"硫磺海峽"。此海峽為青洲島與摩星嶺形成的狹窄海道。此外，同一地圖有"卑路乍灣"的地名，此名即以卑路乍之名而命名。它的位置在石塘咀與西環的海面，有別於上環至灣仔的海灣稱維多利亞港，這些地名都留下最初佔領香港時的烙印，證明卑路乍是最先抵港的英軍將領。為什麼海峽的名字用卑路乍所乘的戰艦命名？海灣又用他的名字命名呢？原因是，香港官方的第一張地圖，是由卑路乍將軍繪成的。他是一位繪圖及測量專家，義律派他先來香港佔領，正是叫他先行制訂香港地圖。

香港原屬中國的領土，英國人對香港的地形和地勢只有一個表面的印象，既然此島歸英國統治，首先就要確定很多海灣和陸地的名稱，義律先派卑路乍來港佔領，他在水坑口登陸，便將水坑口稱為"佔領街"，在水坑口對上的一座高地上建立軍營，稱此地名"佔領角"，將他的座駕艦經過的海峽稱為"硫磺海峽"，把自己的座駕艦停泊的海灣稱為"卑路乍灣"，然後將海港以維多利亞之名命名，將此海港的海岸稱為"女王城"。卑路乍於 1841 年 1 月 25 日率先頭部隊佔領香港時，曾向義律寫了一份報告，該報告的中譯片段，載於馬沅的《港島割讓史略》中，其報告云：

本軍奉令接收香港，當時一八四一年一月二十五日上午八時率領全體艦隊官佐士兵登陸，香港島在北緯二十二度十六分三十秒，與東經線一一四度六分三十秒之間，與九龍半島對峙，附近南丫島（博寮洲），從北面入口須經南丫海峽，本艦隊既奉令赴港，即自珠江上游開駛，史葛艦長駕三馬蘭號殿後，而支隊司令座駕艦高里合號率同蘭號、赤雅仙號及摩特士號赴港迎迓支隊司令來港，又歌林拜號開赴舟山群島，召回駐防各艦。本艦抵港，即於是日星期一上午八時會同全體艦員登陸，在太平山豎立國旗，然後開始大量工作，劃地駐軍。翌日各艦相繼至，當由海軍支隊司令伯麥正式舉行接收典禮，鳴炮慶祝。

卑路乍的硫磺號實際上是一般工程兵艦，艦上有很多丈量儀器，而艦上的士兵，大部分是工程兵，他們在水坑口登陸後，即開闢道路、建立軍營，故水坑口街，應是港島的第一條街道，它被冠以"佔領"的名稱，正符合事實。

開埠初期的"中國城"

水坑口街上面的荷李活道，原是一條山路，因首批英軍紮營於大笪地上，便要開一條路通往上環和中環，故荷李活道是全港第二條開闢的道路。香港的發展，是由水坑口開始的，而水坑口一帶，亦成為開埠初期來港謀生的勞工及小商人聚居的地方，他們住在接近英軍軍營的地區，以便就近出賣勞力，謀兩餐一宿。水坑口的水坑，是當時港島北部最大的水源，不僅英軍在此取水，附近市民，亦在水坑取水，當時由於衛生設備不足，附近瘧蚊最多，英軍在此紮營，患瘧疾者最多，死亡率亦極高，曾引起英軍的恐慌，故後來德忌笠將軍將該處的軍營，全部放火燒清光，將英軍軍營，移到德忌笠街附近。

於是，水坑口一帶的地區，便變成了"中國城"，是清一色的中國人居住區城。這是 1845 年以後的事。

香港的第一間警署，也是那在水坑口附近荷李活道上。現在該處有條小巷，名叫"差館上街"，最初的警署，是建在該處的，後來建成了荷李活道一號差館，才將差館上街的差館撤銷。

水坑口附近的差館上街的差館，是在 1857 年當荷李活道與奧卑利街之間的中央警署建成時才取消，而將警察總部移至該處的。所以中央警署，至今仍有人稱之為"大館"，此"大館"之稱，即表示它是最大的差館之謂。

1843 年在水坑口附近的差館，除英籍警官之外，警員大多數是印籍警員，當時印籍警員的宿舍，就在差館下面的營房內，這個營房，即現時的嚤囉街，因印度人俗稱嚤囉。後來差館遷往"大館"，住在嚤囉街的印籍警員仍有很多未遷去，當宿舍遷去後，仍有很多印度人來此聚居，因此港人就把它稱為嚤囉街。從佔領街、嚤囉街、差館上街這些地名，可知水坑口一帶，是本港開埠初期的行政與軍事中心，其後在中環的荷李活道一帶，建設很多新建築物，才將行政與軍事中心移至中環。當軍營移至德忌笠街去時，大笪地和東華醫院一帶的軍營區經過放火消毒之後，該處一帶漸漸建了很多民房，水坑口街亦已建成很多房屋，當皇后大道填平岸邊及開成馬路時，自上環到西營盤一帶，已成香港的商業中心地帶。

當時中環叫維多利亞城，上環和西營盤一帶稱為中國城，這樣的稱謂，是西人別有用心的劃分，他們認為中國人不宜與西人為鄰，應該限制中國人住宅向中區伸展。當時的威靈頓街、雲咸街及該處向東的一段皇后大道中，都是西人區域。

現時很多中國傳統行業，仍然集中在上環一帶，例如藥材、海味、雜貨、洋雜、布疋等行業，都仍然在上環集中經營，這些行業至今仍以上環為中心，足以說明本港開埠時的情形，因為這一帶，都被西人稱為“中國城”，而由威靈頓街起的中環地帶，則以“維多利亞城”稱之，表示該處是西人聚居和貿易中心，洋行、船務公司、雪廠、銀行等等西人的行業，都集中於中環，似以威靈頓街口劃分界線。

重建焦土　填海得地

　　隨著香港的商業發展，華人來港經商的人日漸增加，很多商店都從上環向東移，移至威靈頓街口。怎知 1851 年 12 月 28 日，中國城與維多利亞城之間的樓宇突然失火，當時的樓宇多用磚瓦及木材建成，火勢又因北風凜冽而越燒越烈，將該處的房屋燒個清光，威靈頓街至皇后大道中一帶的房屋，全部燒毀。這次的火災，共燒毀 472 間房屋，中西樓房，一律付之一炬。

　　事後整理災場，當局將燒毀的房屋的磚瓦泥頭木炭，全部搬到附近一個淺灘上，作為填海之用，這個海灘就是今日的蘇杭街、永樂街及上環的文咸東西街，填好了這個淺灘之後，就得了大批土地。中國商人就在該處買地建築樓房，那些經營南北貨生意的商號，就集中在該處，形成今日的蘇杭街和南北行街，這一大片新土地，仍然集中在上環，並且距離水坑口不遠。

　　自 1851 年 12 月 28 日大火之後，西人不再堅持將中國城與西人的維多利亞城分開。因為這一大片焦土需要重建才能居住，而且當時西人已發現住在半山勝於住在海邊，乘機將中環的土地賣予華人，讓華人承擔起大火後的重建工作。華人買了這些焦土之後，發現重建樓宇並不容易，而且並不如想像中的容易賺錢。

原來當時對重建大火後的中環的樓宇，規定不能建中國式樓宇，同時，要把該處的磚石頹垣立即清除，將泥土運到皇后大道中與威靈頓街交接處的海灘，將這一大片海灘填平。當時沒有運泥汽車，磚石瓦礫必須用人力運往該處填海，費用是不少的。該處的填海是香港第一次填海得地，所填成的陸地，就是蘇杭街、文咸街和永樂街，一直填到上環水坑口附近的文咸東街和文咸西街。

當時的"華人屋宇"其實就是中國式的鄉村屋宇。這些屋宇樓高兩層至三層，屋內並無天窗，全屋只有面向街道的一側有窗，因此一千呎地，即可建一千呎面積的樓宇。這種屋宇只能在農村才實用，在城市實在是不合衛生，因為整間屋的空氣極不流通，樓下的廚房，只靠一條瓦製的煙囱引向屋頂疏通廢氣，住在中間房和尾房的人，整年不見陽光，容易傳染疾病。故當局要取締這種形式的樓宇，規定以後建成的樓宇，必須要有天窗及有後窗。

華人雖曾聯名反對當局的取締華人屋宇政策，但當局決意執行，向華商解釋新政策只適用於新建樓宇，並不是要把舊式的樓宇拆去，建成新規格。結果在中環火後重建的樓宇，都用這種新規定的格式。這些樓宇在今日看來，仍屬不衛生的，但在當時來說已是一項進步。

娼妓行業在水坑口的由來

　　到了 1861 年，國內的官僚政客、大商人和買辦，帶了大量的資金來港，而經過戰亂之後，國內農村破產，農民不斷湧來香港出賣廉價的勞力。香港亦以一日千里的姿態發展起來。新填成的永樂街至上環文咸街一帶，已建了很多樓宇，火後的焦土，已全部建成當時稱為 "新式" 的樓宇。這時候，香港形成了一個行業，稱為 "南北行"。這一行業的形成，有其歷史背景。

　　香港開埠初期的商港地位，主要是對廣州的貿易，它是以澳門為模式來發展對華貿易的。那時中國北方的貨物，集中在廣州出售，洋貨亦集中在廣州出售，廣州的十三行，擔任溝通中國貨和洋貨的作用。洋貨，通稱南貨，北貨則屬中國的土產。香港開埠十多年後，廣州十三行的商人，已有來港設立商行，經營南北貨的貿易，把廣州方面的中國貨從各產區運來香港出售，又將洋貨運入內地去出售，減少了經廣州的營運費用。例如茶葉，當時已有商人自福建運茶來港出售，而購買洋貨運往福建，或汕頭等地出售。

　　1860 年第二次鴉片戰爭之後，通商口岸和租界紛紛出現，廣州十三行的地位，便一落千丈，香港已成為溝通南貨和北貨的一個重要的港口，因此國內的商人，都來香港開設專營南貨和北貨貿易的行莊。洋貨

13

被稱為南貨，主要是這些貨物多經南洋運來，當時歐洲的商船，全部經南洋而來香港。商船既載運歐洲的貨物，也將南洋的土產運來，所以通稱這些貨物為南貨。這些貨物包括胡椒、茴香、乳香、燕窩等藥材，又包括歐洲運來的布匹、呢絨、肥皂、火油等，由於鴉片屬於專賣的物品，故南貨不包括鴉片在內。

中國貨通稱北貨，原因是大部分土產和原料，都是北方各省出產，廣州也在香港之北，故廣東生產的貨物，也稱北貨。北方各省的貨物，多集中於汕頭、廈門、上海、青島等港口運來，廣東和廣西，及湖南、江西等省的土產，則自廣州運來，因此經營南北貨的商人，便分成廣州幫、潮州幫、福建幫、上海幫、山東幫。各幫無形中代表北貨供應的勢力。經營南北貨的行莊越開越多，他們就在文咸東街和文咸西街的新填地上建舖經營，漸漸形成一個行業，故在1868 年，成立南北行公所。隨著商業的繁盛而來的娼妓，也在這期間形成一個新興的行業，當時水坑口街上，設立了很多妓院，這些妓院專門為接待商人而設。

據王書奴的《中國娼妓史》解釋，中國娼妓的發展是由“優倡”所演變出來。《說文》有倡家而無娼家，“倡”是一種以歌舞娛客的職業，是由貴族將奴隸訓練出來的。所以後來發展成娼妓之後，這些妓女一般都能歌善舞，能行觴侑酒，會吟詩作賦，發展成高級的妓女。另方面由於娼妓起源於奴隸社會，那些女奴被迫以肉體娛樂貴賓，也發展成一種只供發洩性慾的“人肉市場”的妓院。兩種妓院分別發展而成為高級娼妓與下級娼妓。

香港開埠之初已有娼妓，但那時只有下級的娼妓，因為開埠初期來港謀生的只是販夫走卒，未有足夠的商業基礎來支持高級娼妓活動。到了 1860 年之後，大批中國官僚來港作寓公，大批商人來港經營南北貨買賣，上流社會需要高級的妓院作為交際應酬之所，因此在廣州的高級妓院，也隨同來港開設。

南北行既集中在上環一帶營業，高級妓院自然也要遷就這批商賈，所以將妓院設在水坑口街。原來，當 1863 年時，本港開始建成第一個儲水池，引水入水喉通至各主要街道的街喉之後，水坑口的水坑首先封閉，不讓市民取水，將這條水坑築成寬闊的街道，該處有很多官地可供運用，高級妓院便在這個時候興建起來。從此之後，水坑口街便夜夜笙歌，成為香港一處紙醉金迷之地，媲美廣州的谷埠、金陵的秦淮河。

“猜飲唱靚柄”

初時在水坑口街經營妓院的人，大部分是廣州谷埠妓院的經營者，甚至連妓女也是從廣州調來的，因此妓院的組織、規矩，都和廣州的妓院相同，屬於一種高級的妓院。妓女也是能歌能玩樂器，而又善於應酬和行酒的。當時在水坑口當妓女，要具備五項條件，就是"猜飲唱靚柄"。

"猜"，是指行酒，廣州話稱為"猜枚"，是用猜對方出多少隻手指以定勝負的一種行酒的技術。作為一位高級妓女，必須善於"猜枚"。除了善於"猜枚"之外，其次是能飲多量的酒而不醉，再其次是要貌美如花。所謂"靚"，即相貌生得甜，此外還要懂得"打琴唱嘢"，"唱"就是指會唱戲和玩樂器。關於"柄"字，是指話柄而言，即懂得投客人所好，客人談話時，懂得緊接他們的話柄，使他們覺得她是一朵"解語花"。

相依為命的妓院與酒家

由於航運的暢通，本港已有定期的輪船來往於北方各港口，如通往上海、青島、天津等港口的輪船，每月都有開出。這些輪船除了溝通南北貨之外，也便利廣東和廣西的舉人上京考試。從前海運未通的時候，兩廣舉人上京考試要循陸路北上，道路崎嶇而又多盜賊，極不安全。香港有輪船可直達天津，既安全又快捷，因此各地的舉人，都到香港來北上赴京考試。這些人雲集香港，也是妓院的貴客，對發展水坑口街上的妓院亦有助力，原因是每個舉人都有他們的同鄉，同鄉們在港為他設宴接待，常在妓院舉行宴會。

到了 1874 年，水坑口的妓院已是五步一樓，十步一閣。《循環日報》的創辦人王韜在同年寫下《香港略論》，當中寫道：

> 太平山左右，皆由院中人所居，樓閣參差，笙歌騰沸，粉白黛綠，充斥其中，旁則酒肆連比，以杏花樓為巨擘，異饌嘉餚，咄嗟可辦，偶遇客來，取之如寄。

當時王韜也是水坑口妓院的嘉賓，文中所稱的"曲院"就是妓院，他還點出了與妓院一同成長的酒樓業，亦相當興旺，值得注意的是一個"旁"字，它是指在妓院附近，酒樓酒家如林，其中以杏花樓最為著名。

妓院和酒樓相依為命，原因是和當時的妓院制度有關，因為這些妓院是繼承唐宋時代的官妓制度傳統而組織的，與那些純粹出賣肉體的下級妓院制度不同。上文說過中國娼妓的發展，分成兩種不同的妓院，一種是為士大夫們娛樂的高級妓院，一種是給販夫走卒洩慾的妓院，水坑口的妓院是高級妓院，妓女們表面上是賣藝不賣身的，她們雖然不像唐宋時代的妓女，能吟詩作賦，但也能歌擅舞。由於妓院的地方有限，不能在同一時間內容納很多徵歌選色的貴客，這就得有大規模的酒家酒樓來配合，才能展開業務，這是妓院附近有很多著名酒樓的原因。王韜說這些"曲院"的旁邊，"酒肆連比"，寫出了妓院與酒樓相依

17

為命的情形。

為了說明高級妓院和酒家相依為命的原因，最佳的方法，是將當時在水坑口召妓宴飲時的情形說明一下。上文說過，妓院的面積有限，不能容納太多的富商巨賈和騷人墨客，因此需要利用酒家來展開業務，一般妓院就只作為妓女的宿舍而存在，妓院之內一般不招待客人，只有極相熟的闊客，才能在妓院飲宴，要做到成為熟客，必先經過一段長期的捧場。

怎樣捧場呢？就是在酒樓上飲宴。酒樓的飲廳上，例有一張酸枝木製成的舊桌，桌上有文房四寶，其中一個木匣內，放有一疊花箋，這些花箋，就是用來召妓之用的。飲客在酒樓內，取出花箋，寫上某某妓女的名字，叫酒樓的伙記，將這花箋送往這妓女所隸屬的妓院。那時的妓院，各有名堂，如怡紅院、翠紅院、三春院、春魁院、倚雲樓等等，某一妓女轄於某一妓院，酒樓的掌櫃，早已有一名冊，酒樓的伙記亦多耳熟能詳，是以只要寫上某某妓女的名字，他就會將花箋送往妓院去。花箋上通常只寫簡單的句子，例如 "某某校香；某某敬約" 字樣。"校香"，是妓女的雅稱，這種稱謂，源於宋代。由於每間酒樓的花箋，都印上酒樓的名號，妓院接到花箋，就知道客人在某酒樓相約，於是妓女便到這酒樓來應召，稱為 "出局"，妓女到酒樓 "出局" 時，例由一傭婦攜一洋琴同往。

這個攜帶洋琴的傭婦，妓院行內稱為"傭嫂"，妓女來到酒樓，酒樓的掌櫃若認識這妓女的，便知道是哪一間飲廳的客人所召的妓女，不認識的，傭婦上前詢問，自有伙記帶到那座飲廳之內。這時召妓的客人，若是相識的，自然知道這妓女是自己所召來的，若是生客，那傭嫂就會叫道："雲仙（假定她叫雲仙）姑娘來了，向各位請安！"則飛箋召她的客人，便知道這是雲仙，他就上前評頭品足，讚美她一番，打情罵俏幾句。於是傭婦就為她打開洋琴，在這酒樓的客廳上的一角，由她打琴唱曲，唱的是當時時下流行的粵曲。唱完這一曲之後，妓女便由傭婦帶走。她所出局的錢，由酒樓的掌櫃先行代支，那時妓女出局，只收一元，但當時的物價，一元已買到很多的東西，但妓女所收的一元，並非她個人所得，她如果是自由身的話，要和妓院分賬，若果是賣身給妓院的，就一無所有。每一個飲客，都飛箋召一名妓女，每個妓女，都是先來酒家唱一支粵曲便先行告退，這是初步的見面禮。妓女並非唱完一曲就結束她的服務，等到酒席擺開時，酒家便通知妓院各妓女到來陪酒，陪酒才是"主題曲"，當擺開酒席時，各人所召的妓女亦同時到齊，各妓女就坐在客人的後面陪酒，和客人談風說月，為客人斟酒勸飲。客人如果對所召的妓女有意，就在這時，暗中給她一些賞錢，這賞錢名叫"白水"。

給妓女賞錢並非等於給夜度資或嫖妓的費用，這種賞錢之名為"白水"，是等於白白津貼妓女的。妓女收了"白水"之後，並無什麼承諾或付出代價，唯一的代價是在她的印象中，視你為"恩客"，以後在寫花箋叫她來應召時，她就當作"已經是你的人"那樣，和你熟絡起來。以後，她會請你到妓院去"打水圍"，及在妓院裏"開廳"，甚至可以在她的閨房內，借她的房間給你留宿，給你專用的毛巾使用。但這"留宿"並不包括她靈肉的服務。

《珠江花史》描述廣東妓女的情形如下：

粵妓所居，陸地曰寨、曰寮，水上曰艇。寨有大小，頭等妓曰大寨，中等妓曰細寨，亦名二四寨，下等曰炮寨。二，半掩門，即尖先生不大不小，亦大亦小之謂。三，大老舉，諺稱牛白腩。雞仔長成，覓客為之開苞，叫"擺房"，代價多以四五百金，少亦一二百金。二四寨亦有擺房，代價不過三二十金，擺房後充半掩門……

從前谷埠例，白水數目有"十兩頭一匹綢"之說，亦有未留髡而先給"白水"者，幾呼妓侑酒，既給"白水"，則為恩客。所享權利，則妓女令傭婦出毛巾給客使用，叫毛巾客。未給白水，雖極熟，入席時，妓女必向東主問坐何處，已給白水則不問，以示區別。

水坑口的妓院，就是"大寨"，所以它的一切制度，和廣州谷埠的大寨相同，妓女出局侑酒唱曲來展開營業。

水坑口的妓院，當時只是在兩層高的樓宇內營業，每間妓院只可撥出一座大廳招待賓客（因樓下的大廳是神廳不能招待賓客的），如果沒有很多酒樓，妓女就無法物色許多的恩客，妓院的業務就局限於斗室之中，所以需要很多酒家，配合業務發展。當時上環一帶，酒家林立，除杏花樓外，有觀海樓、江天樓、宴瓊樓、壽康樓、金芳園、桃杏園、觀海樓、廣海樓、留仙館等二十餘家，全部分佈在水坑口至上環一帶的皇后大道中。

　　當時很多騷人墨客，都在上環各酒家召妓宿酒，也有很多著名的文人，因此和水坑口的妓女相戀，其中亦留下不少風流韻事，更留下不少詞章和詩句。這些詞章詩句，可以稱之為"水坑口文學"。例如潘飛聲當時和水坑口妓女洪銀屏相戀，後來他離港去上海，對洪銀屏依依不捨，臨別時題"蝶戀花"詞一首，贈洪銀屏為念，詞云：

客裏雲萍情緒亂，便道歡場，說夢應腸斷。

莫惜深杯珍重勸，銀箏醉死銀燈畔。

同是天涯何所戀？月識郎心，花也如儂面。

東去伯勞西去燕，人生那得長相見？

這是"水坑口文學"中的代表作。畢幾庵在《芳菲堂詞話》中，評為纏綿盡致，一往情深。由此可見當時水坑口街上的妓女，並非只具"猜飲唱靚柄"五種技能，其中也有懂得"詩酒琴棋畫"的。洪銀屏就是其中之一。

黃遵憲《人境廬詩草》中，有詩十首，題為"香港感懷十首"，其中有詩兩首，是詠水坑口的妓院和上環的酒樓的，亦屬於"水坑口文學"之一。其中一首云：

便積金如斗，能從聚窟消。

蠻雲迷寶髻，脂夜蕩花妖。

龍女爭盤鏡，餃人鬥織綃。

珠簾香十里，難遣可憐宵。

據《黃公度先生年譜》考證，他是 23 歲來香港的，當時是 1870 年，即同治九年庚午。當時水坑口的妓院已極繁華，從詩中可知他不僅到過水坑口街上遊覽，而且也在酒樓中召妓侑酒，不然的話，是寫不出這樣細膩的情形，寫不出那些妓女不僅爭妍鬥麗，連服飾和髮型都各出心裁。正因為他在應酬中和妓女交談和接觸過，他才會感嘆"難遣可憐宵"。

正因他曾體驗過這種生活，故在另一首詩寫出上環一帶的情景，詩曰：

沸地笙歌起，排山酒肉林。

連環屯萬室，尺土過千金。

民氣多鴃舌，夷官學鳥音。

黃標千萬積，翻訝屋沉沉。

這首詩在"連環屯萬室"一句下，自註云"地勢如環，故名上中下三環"。顯出他這首詩是寫水坑口至上環一帶的情形，所謂"連環"，實際上是上環和中環，雖然自註上有"下環"的提示，但當時的下環尚未有"屯萬室"的密度。下環即灣仔，1870年時灣仔的屋宇仍很疏落。

"妓院文學"是我國獨有的一種文學科目，自唐朝開始，就有很多文人在妓院裏題詩，亦有不少有才華的妓女，寫出了很多動人的文學作品。水坑口當時是妓院集中地，文人雅士在水坑口妓院中所寫的詩文，稱之為"水坑口文學"並無不妥。假如有人全面性搜集這方面的文學作品，相信一定洋洋大觀。

康有為有"八月十四夜香港觀燈"詩一首，這首詩應是在上環一酒樓召妓侑酒時之作。詩曰：

空濛海月上金繩，又看秋宵香港燈。

曼衍魚龍陳百戲，參差樓閣倚高層。

怕聽清曲何堪客，便繞群花也似僧。

歡來獨惜非吾土，看劍高歌醉得曾？

此詩亦可列為"水坑口文學"作品。

詩中的"怕聽清曲何堪客"一句,正寫出妓女到酒樓應召時先來一曲清歌的情形。"便繞群花也似僧"寫出酒席上桌時,妓女們圍繞在賓客後面侍酒的情景。他雖然把自己寫成無動於中,似個入定的老僧,對這些閑花野草般的妓女無所動心,但召妓侑酒那種情景卻是很具娛樂性的,他只嘆惜這種歡娛是在洋場上而非在國土上而已。

廣州人稱妓院為"寨",稱妓女為"老舉",水坑口的妓院亦呼為"老舉寨"。據王書奴《中國娼妓史》考證,粵人呼妓女為老舉,實由老妓變音而成,妓字在官話中的讀音,經廣州人之口變成"舉"字音。至於院稱"寨",則未談及。

錢塘陳不厚在同治年間來廣東作過幾任縣官,他也來過香港,他寫了一本《嶺南雜事詩鈔》,其中有一首詩,詠"打水圍",詩中的註解上考證妓院稱"寨"的由來。這首詩可能不屬"水坑口文學",但所詠的情景也和當時水坑口妓院中的"打水圍"的情形相同。詩曰:

> 興高采烈快輕肥,逐寨尋芳打水圍,
> 知否紅閨燈影裏,有人凝望淚頻揮!

詩後有註云:"粵中妓院謂之寨,狎邪游謂之打水圍。"又云:"以狎邪之處謂之寨。不知始自何時。蔣心餘先生《四絃秋傳奇》,內有'第一所煙花錦寨'之句,似寨之稱,不獨著於粵中也。"

娼妓行業突如其來的遷移

水坑口的妓院越開越多,上環的酒樓亦越開越多。而該處的地皮實在有限,妓院是一所賺錢的生意,酒樓也隨著花事的興盛而賺大錢,發展下去,就出現了妓院和酒樓與民爭地的局面,很多酒樓經營者,願出高價買下樓宇,強迫居民遷出,妓院的經營者亦用同樣手法,用經濟手段,將民居改為妓院。到了十九世紀末,情形越來越嚴重,因此當局決定將水坑口的妓院,強迫遷往石塘咀去,避免妓女與民爭屋住的局面繼續發展下去。原來,當時中區填海計劃,已逐步完成,填海區域伸展到石塘咀地區,石塘咀一帶的新填地,正好用作建立妓院之用,是以決定把水坑口的妓院,全部遷往石塘咀。

查港島的大規模填海計劃,在 1889 年開始實行,當時的填海計劃,是從中環皇后大道中的海邊一直填出到現時的干諾道,東由海軍船塢起,填至西區的石塘咀止,這項填海工程,於 1903 年全部完成,故 1903年,當局強迫水坑口的妓院,遷往石塘咀去。

當時水坑口的妓院,委實沒有餘地可以發展,令到很多妓院投資者不能再擴大投資。一些新投資者見當局宣佈將石塘咀供妓院發展之用，他們立即就在石塘咀建築四層高的面積特別大的妓寨式樓宇，在石塘咀開業。而水坑口的妓院，亦在石塘咀建築自己的妓院了。妓院是一種"娛樂事業"，自唐宋元明清以來，一直都有人投資，尤其到了清朝中葉以後，這門"娛樂事業"是最易獲利的，因此投資者更多，很多錢莊都支持妓院的投資者，甚至也有錢莊投資妓院的。水坑口限於地理環境不能讓更多的人投資，石塘咀是一塊未開發的荒地，地價又平，又被當局指定為妓院區，因此吸引很多投資者到石塘咀投資，開設妓院。妓院投資者在石塘咀興建妓院，規模是相當大的。從前水坑口的妓院，限於樓宇面積，一間妓院只得一座可供飲宴的大廳。石塘咀的妓院就不同，樓高四層，除地下門口的"神廳"不供飲宴用之外，樓上三層樓都各有大廳供飲宴之用，而且每層樓都分頭尾廳，即共有六間飲廳。

石塘咀新建的妓院規模，比水坑口的大上幾倍。地方闊大而一切的設備與裝飾都是新的，是以更加吸引來自各地的客商和本地的王孫公子。"塘西風月"之名，亦因而比水坑口更遠近馳名。

石塘咀妓院之所以興建得如此宏偉，主要是妓院的經營者知道水坑口和上環的酒樓不願遷往石塘咀。當時在上環一帶的幾十間酒樓，曾入稟當局，反對當局將妓院遷往石塘咀，他們提出的理由是妓院與酒樓業唇齒相依，妓院遷往石塘咀，上環一帶的酒樓就沒有生意，要求政府保留水坑口的妓院，不可全部強迫遷去。妓院經營者死怕在石塘咀開業時，無酒樓營業，因此在妓院中設了很多座飲廳，並且聘請廚師在妓院內供應酒業。這是石塘咀妓院比水坑口時代的妓院規模宏偉的原因。當局不理會上環各酒樓的反對，堅持將水坑口的妓院封閉，於是很多酒樓的投資者，也只好遷到石塘咀去，遷就妓院的發展。其中有 22 家酒樓，結束了上環的業務，遷到石塘咀去開業。但亦有堅持不遷往石塘咀去的。這些堅持不遷往石塘咀去的酒家，認為酒樓的業務靠南北行商人和各江商人支持，只要他們在上環的酒樓開廳飲宴，飛箋召妓時，石塘咀的妓院中的妓女，也要回到水坑口的酒樓來"出局"的，只要有基本的飲客支持，酒樓仍可在水坑口及上環營業，故他們不肯遷去。

那些不肯遷往石塘咀的酒樓，事實證明他們的理論不切實際，那時商人飲宴的目的，在於"飲花酒"，上環遠離石塘咀，雖可飛箋召妓，但妓女姍姍來遲，使那些客人望穿秋水，不及到石塘咀的酒樓去那樣即召即到的方便，因此都到石塘咀去，上環的酒樓就無法經營下去。

最先從上環遷往石塘咀的酒樓是觀海樓。觀海樓遷往石塘咀之初，怕生意不夠做，又怕原先在上環

的熟客不到石塘咀去光顧，特別製造幾架名貴的人力
車，停在水坑口路邊，接客人到石塘咀去，開以車接
送賓客的先河。當時還未有汽車，人力車是比轎為進
步的交通工具。觀海樓人力車和普通的人力車不同，
普通人力車的兩邊車輪的沙冚是木製的，車上的踏腳
板和拉車的扶手都是木製的，觀海樓人力車的車輪沙
冚是用黃銅鑲成，每天都把它擦得金光閃閃，車的拉
手是用銅片包鑲，踏腳皮也用黃銅製成，上放一張地
氈。至於座位則是用棉花作坐墊，並加上雪白的椅
墊，拉車的手車伕穿上紅色的背心，全套制服，十分
名貴而夠排場。這樣的手車共有六輛之多。只要是到
觀海樓去，賓客坐到車上，車伕就飛快的拉著人力
車，將他送到石塘咀觀海樓門前。送完一位客人，車
伕又把人力車拉回水坑口去繼續拉客。這六部人力車
背後，都有“觀海樓”三字，有宣傳作用，故觀海樓
生意極旺。

　　觀海樓從水坑口遷到石塘咀去經營，開幕那天，
刊登一則“啟事”在全港各報上。這篇啟事，亦屬“水
坑口文學”之一，抄錄於後：

　　原夫劉伶軼事，能解五斗之醒，李白狂豪，拼買千金
之醉。故糟邱麴部，騷人每藉攄懷，食譜茶經，逸士因之寄
意。東山絲竹，韻語猶新；北海樽罍，遺風未遠，斯則及時
貴乎行樂，不減風流，作興雖是逢場，都成雅事者矣。

石塘咀觀海樓者，門對青山，地臨綠水，廳分左右，菜列中西。亞字欄前，水映長天一色；玻璃窗外，雲偕瀑布齊飛。可謂佳景怡人，真若時光愛我；優望嘉賓惠好，良友紛來！或把袂臨風，少評蟻綠；或舉杯邀月，細嚼珠紅。聲妓前陳，名花定知有主，杯觥交錯，觴政莫問誰司。豈不快哉？信可樂也！

客如不遠，好撥雲桂杖而來，僕亦多情，必掃經澆花以俟。將見頌成酒德，是所望於群公；著就食經，敢云屬之蔽主。時當鴻發，敬布蕪言，句擬蜩鳴，聊登竹報。尚祈早光，是禱。

這篇啟事後面，有小字兩行，云：「本樓設有手車六輛，於每日下午五點鐘至晚上一點鐘，常在水坑口接載貴客往來。」這六輛人力車雖說免費接載貴客，但到觀海樓去飲花酒的闊客，都願給賞錢的。這六位車伕，既受酒樓的薪金，又另有打賞，收入不錯。

酒樓變身茶樓

水坑口的妓院遷去石塘咀後，該處的屋宇亦加以改建，從前兩層高的樓宇，改建為四層或三層，而很多酒樓，亦因營業不前而改營茶樓，或者出頂給經營茶樓的人經營了。

茶樓和酒樓的經營方法，在第一次世界大戰之前是不同的。現在茶樓和酒樓，似乎已沒有明顯的分界，很多酒樓都有茶市，而很多茶樓也辦酒席，但在從前則是界限分明。

從前酒樓不但不做茶市，而且不做日市，下午三時之後，才開始招待人客，但廚房還未開工，換句話說，只有伙記在替客人斟茶遞毛巾及開枱打麻雀，客人如想吃點東西，非到五時後不可，因下午五時廚師才開工，酒樓的營業集中於做晚宴和宵夜的生意，故不做早午茶市。

茶樓則相反，只做早午茶市而不做夜市，下午四時許茶樓就收工，不做晚飯宵夜生意。

夜夜笙歌的夜市茶座

水坑口當時只有杏花樓和宴瓊林等三幾家酒樓仍堅持做酒樓生意，其餘都開設茶樓。那些由酒樓而改營茶樓的茶樓主人，覺得晚上這一段時間，往日是黃金時間，現在經營茶樓，不開夜市，豈不浪費了舖租，於是開設夜市茶座。

由酒樓而改營茶樓業務的茶樓，是屬於高級茶樓，這些茶樓的最高層是收費最貴的。當時的茶價分配是這樣，地下的茶價最平，稱為"分八廳"，即茶價每盅收費白銀一分八厘。其時香港仍用中國的銅錢和白銀作流通貨幣，一分銀約為三十個中國銅錢，"分八銀"即五十四個銅錢，約等於香港的銅仙兩個多些，二樓叫"二分四"，較地下的高級一些了，相當於三仙多的價值。三樓是最高級的，茶價每位三分六，三分六即五仙港仙，俗稱"斗零"。

為什麼高層的地方收費最高呢？原因有二。第一，當時未有電風扇，一般樓宇都很矮，三樓的設備，從前是飲花酒時的地方，單邊的樓宇三面皆窗，特別涼爽。就算不是單邊的樓宇，三樓的屋頂上多有天窗，天窗上亦蓋搭涼棚，清風從天窗上吹下來，整座三樓都涼爽，它是整間茶樓最涼的地方，故收費最高。

第二，是三樓規定衣冠不整者，恕不招待，地方因而特別清潔。到三樓飲茶的人，不會是流氓之流，富商貴客可以放心在上面品茗，不怕喧嘩吵鬧，故此收費特別貴，但亦特別吸引附近的南北行商人和各江客商光顧。這些酒樓改裝的茶樓鑑於夜晚市面仍很熱鬧，將茶樓開夜市是有前途的，不過，茶樓開夜市，廚房部最難解決，因明早廚房一早就要開工製造點心，難以叫他們開工到深夜，故原則上不能動用廚房。

茶樓開夜市而不動用廚房，就是沒有食品供應，失去茶樓的營業宗旨，因茶樓是食物店之一，沒有食物吃，開夜市也是無用的。後來卻經一家名叫"三多樓"的茶樓老闆，想通了解決的辦法，就是只供應餅食和糕點，而不供應點心及炒粉炒麵。這辦法可使廚房部休息，但仍可開夜市營業。不過，這仍是不會有吸引力的。飲茶的人，只吃餅食糕點，雖然頂樓上涼風習習，但怎樣也不及海旁的好風，況且到了天冷，豈不又沒有生意可做。虧得"三多樓"老闆想出一個吸引茶客的辦法來。這辦法就是在茶樓內請人唱龍舟，他在"三多樓"的三樓上，開設夜市，請一位著名的唱龍舟的"歌星"到來，演唱龍舟。當時唱龍舟也有"歌星"的，形成"歌星"的原因，在於唱龍舟的人在民間的聲譽。原來本港很多風俗，仍保持各縣的固有風俗。香港本是一個荒島，居民是從各地移來居住，其中廣州府所屬各縣人民移居較多，其次則為潮州和惠州府的移民，他們來到香港聚居，仍然維持在鄉間的風俗習慣，例如土地誕、觀音誕、關帝誕、盂蘭節、乞巧節、中秋節等風俗，一直被保留。在這些神誕與節日當中，很多街坊或演神功戲，或請人唱龍舟，作為賀誕之用，演神功戲就是演粵劇或潮州戲，唱龍舟則是由一個人一面唱歌一面敲鑼打鼓。唱得最好的，酬金自然豐富。

　　三多樓的老闆發現當時香港人很歡喜聽龍舟，除了神誕時各街坊都聘請唱龍舟的人演唱龍舟外，有錢人家平時也請人回家唱龍舟消遣的。其中有幾位"龍舟明星"，特別馳名，他們因經常在街坊神誕時演唱，及在富人家中演唱，故而人人都知其名。因此，三多樓主人就請了一位著名的龍舟歌者名叫龍舟松的演唱，把夜市茶座辦了起來。

龍舟松所唱的龍舟，全部是長篇的傳奇小說，他唱《三國演義》為最出色。當時三多樓主人請龍舟松唱龍舟，第一部就是唱《三國演義》，果然立即就吸引了很多人去聽。

三多樓唱龍舟成功，其他各酒樓改業茶樓的亦相繼想辦法把夜市茶市攪起來，於是有些茶樓請盲公來唱南音，有些則請盲妹來唱。他們為這些江湖賣藝人提高身價，稱盲公為瞽師，稱盲妹為瞽姬。一時上環一帶，又恢復了從前夜生活的熱鬧。水坑口的妓院雖然遷往石塘咀，但該處的茶樓卻開了夜市，夜市也是夜夜笙歌的，也是燈紅酒綠的，熱鬧不減當年。喜歡聽龍舟的可聽龍舟，聽瞽師的可聽瞽師，聽瞽姬的可聽瞽姬。龍舟和南音都是演唱長篇故事的，但瞽姬演唱的，則是短篇的故事，各異其趣。由於競爭的原故，水坑口和上環的茶樓，遠道到廣州去請瞽師和瞽姬來港演唱，並特別提高他們的身價，稱為"大轎瞽師"。

所謂"大轎瞽師"就是說這位唱南音的失明人，每天到茶樓來演唱，一定要乘大轎才肯出門，故稱"大轎瞽師"。"大轎瞽姬"也是一樣，除了重金從省城禮聘而來之外，同樣要乘大轎才肯上班。這提高了他們的地位。

雖然這是商業競爭的一種宣傳伎倆，但是每晚當他們登場之時，茶樓主人真個是請了一亭大轎把他們接到茶樓來的，當他們來到茶樓門前，主人又親自扶他們登樓，以示隆重，並非只在口頭上稱之為"大轎瞽師"或"大轎瞽姬"的。

其中有一位德叔，就是在這個時候成名的。這位德叔不僅會唱長篇故事的南音，也會唱短篇故事的南音，又會唱抒情的南音歌曲。他的一曲《瀟湘琴怨》，被稱為百聽不厭的絕唱，他在宴瓊林茶樓演唱時，場場滿座。

他來香港演唱的時候，已是辛亥革命之後的 1913 年。當時香港已有留聲機器，也有唱片公司，一家唱片公司請他灌錄《瀟湘琴怨》的唱片，但他不肯灌音，唱片公司問他是不是要求更高的酬金，如果是，可以提出。他搖頭，總是說不能灌音。後來宴瓊林的主人私下問他為什麼不肯灌唱片，他才說出理由來。原來他迷信錄了唱片之後，他的歌喉就會失聲，以後就不能唱南音的了。他以為將聲音錄下來，把他的聲音天天的唱，一定會唱啞他的聲音的。

及到幾年之後，當時粵劇很多小武、小生、花旦，都灌了唱片，還有女伶也灌唱片，他們越唱越好聲，德叔才知道錄音不會影響人的聲線的，於是再來香港，在本港的唱片公司灌唱片，灌了一曲《瀟湘琴怨》。這是本港唱片公司為失明藝人灌錄的第一張唱片，也是全國的第一張失明藝人的唱片。

當時本港已有兩家唱片公司，一家是百代公司，一家是歌亭公司，其後才有和聲公司，替德叔灌錄《瀟湘琴怨》的，似是百代公司。由於德叔唱南音特別出色，本港一位文化界人士，且為他編印了一本《今夢曲》，將他所唱的歌詞，刊成專書，就像今日的什麼金曲、龍虎榜曲集一樣，又開藝人個人曲集先河。上述這兩件事，都是於水坑口的妓院遷往石塘咀後，上環的茶樓酒館為了生存而產生的，假如妓院不遷石塘咀，酒樓不會改營高級的茶樓，又不會唱龍舟和南音，因而也不會提高失明藝人的地位。

上環街市的發展歷史

上環街市是一個歷史悠久的街市，上文說過，香港開埠之初，上環和西營盤是最先開發的地區，華人聚居在該處，自然應有街市。但上環的街市，一向是在路邊和街邊，還未有正式的街市建立。當填平了永樂街和文咸街的淺海灘時，擺買蔬菜生果肉食的小販，便伸展到永樂街和文咸街下面去，街市的範圍更加擴大。

到 1903 年，水坑口妓院遷往石塘咀後，由於填海已填至干諾道，於是當局才著手興建上環街市，從上環街市的規模，讀者亦會看到這個街市興建時的情形。

上環街市分南座和北座，但南座和北座並不相連，南座由大道中到文咸街止，北座由干諾道至德輔道止。兩座街市中間隔開一大片土地，但仍然稱上環街市，是全港最特別的街市。[1]

還有，南座上環街市的南門入口處，是不容易見到的，南門就在皇后大道中那邊，很多人不知道該處有門口可進入街市內，他們都從文咸街那邊的北門入街市。因為南門是在皇后大道兩間舖位凹下去的地方進入，門口不在皇后大道的路邊，是非常特殊的。

這就是當時建築街市時遺下的環境痕跡了。當興建這座街市之初，文咸街那邊的海灘填平了很久，該處就是街市攤檔擺設之地，到興建街市時，將攤檔搬走，在原地建街市，但這街市有北門而無南門，因此收回皇后大道那邊西面舖位的地區，作為南門入口處。故南門的入口處，在大道中一列樓宇中間凹下去的地方，從南門進入街市，要從兩間舖戶口間的空地處進入，假如這空地上設有小販擺賣芽菜或其他蔬菜，就不容易發覺這是一座街市的入口處。從表面上看來，似是南座的上環街市先建，北座的上環街市後建，其實並不如此。

原來上環街市是先建北座然後建南座的，當時街市的攤檔就在南面街市和文咸東街之間的空地上擺

1　編者註：1983 年，上環街市南座因興建地鐵港島線而被清拆，原址在 1989 年建成上環市政大廈。而北座於 1990 年獲古物古蹟辦事處列為法定古蹟，1991 年保育活化成 "西港城"。

檔，當局在干諾道中興建一座街市，準備建成之後，將攤檔遷到干諾道中的上環街市去。因此先建北座，當時是 1906 年。當北座上環街市建成後，將攤販遷入街市之內，然後才著手重建舊有攤檔所在地的南座街市，南座街市於 1913 年建成，兩座街市不相連的原因在此。

這兩街市的興建，可以說是完全不了解當時的實際情況，因為這兩座街市，只作市民買菜之用，其規模是一座零售副食品的市場，只可供市民入內買餸，而不能供菜蔬和生果批發之用。可見初時政府在規劃建設時，未作過實際的市場調查。原來上環街市的特點，和其他各區的街市不同，這個街市自開埠以來，由於近海，海邊的水又較淺，有很多灣泊小艇的淺水碼頭，供從對海九龍運來的蔬菜生果上落之用，故上環街市一直以來含有批發與零沽的兩種性質。當時設在空地上、路邊上的蓋搭篷帳的攤檔，其中不少是批發商的 "欄口"，即是果檔和菜檔。這些 "欄口" 的攤檔，既零售也批發，當街市建成之後，街市的設備只當作他們是零售商，不能滿足批發的用途，那些批發商的果欄和菜欄，便將街市的攤位作為存貨之用。而他們的營業地點，仍然是在路邊，即仍在文咸東、永樂街與德輔道之間。

因此之故，上環街市的南座和北座內的攤位，實際上成為果欄和菜欄的貨倉。晚上，各攤位就要派人在那裏睡覺，看守貨物。而文咸東街與永樂街之間的空地，則作為批發生果和蔬菜之地。晚上將生果和蔬菜放在街市，日間就在外面批發。自南北兩座街市建成之後，就習以為常，向安無異。但是，到了 1934 年 10 月，本港的潔淨局突然發出公函，通知上環街市南面的果菜欄，由 10 月 9 日起，不准各攤位有人留宿，街市於晚上即關上鐵閘，不准任何人出入，更不准任何人留宿。街市內的果欄和菜欄，認為當局有意為難他們，曾聯名蓋章入稟當局請願，要求衛生當局收回成命，但不獲當局接納。於是 1934 年 10 月 9 日開始，街市晚上就關閘。當局不接納果菜欄商人的請求，原因是當時全港九各街市，都實行清潔及清場制度。即所有街市，在收市之後，立即洗地，把街市的地板，洗得平滑光潔，由衛生督察巡視之後，認為滿意，就將街市的閘門關上，保持街市清潔到第二朝開街市，這叫做清潔和清場。因為，如果洗潔了地板，仍然准人留宿，則街市仍難保持潔淨。這制度自 1934 年 10 月 9 日在全港施行，各區街市都依此制度，不能特別准許上環街市的果販和菜販留宿的，這是當局不接納他們要求的原因。要做生意的販商，只好另想辦法。

原來，當時的蔬菜和生果，多從四鄉運來香港，鄉渡多在上環海旁灣泊。各江的鄉渡多在晚上九時泊碼頭，果欄和菜欄在九時之後才能起貨上岸，當街市未實行關閘制度時，晚上運來的生果和蔬菜，就可以送進街市自己的攤位上存放。自街市關閘之後，他們將各江的果菜抬上岸時，只好一籮一籮的，放在街市以外的路邊，及放在街市對面的一塊三角形的空地上。故到了晚上九時之後，該處就成為放置果菜的集中地，擺得水洩不通。上環街市南座的大門，即文咸東街上的門口，對面有一塊三角形的空地，之後建成一座公廁及浴室，這公廁和公共浴室，是二十世紀五十年代才興建的。在二次世界大戰之前，該處未有公廁，也不整潔。該處有個俗名，稱為"十王殿"。據說早期該地是一處囚犯遊刑必經之地，故稱為"十王殿"。果販和菜販就是把果菜放在這塊地方，使該處異常混亂。由於果菜都放在該處，果欄和菜欄要派人守夜，看守自己的果菜。他們不能住在街市，就只好留宿路邊，使得這塊地，變得更為恐怖。正當的人家，入黑之後，都不敢行經該處，寧願繞道到其他街道，這種情形，一直維持到戰後。當本港實行蔬菜統營之後，當局才著手整理這塊土地，由於菜蔬全部要入蔬菜市場買賣，該處就少了菜蔬的放置。[2]

上環菜欄的蔬菜，既規定全部入蔬菜市場，各街市的菜販，也到蔬菜市場去買貨，便不需要到上環街

2　編者註："十王殿"即現時"上環文化廣場"所處的地段。該處以往建成的公廁及浴室已遭廢棄，並一度闢為休憩花園。市建局於 2003 年將休憩花園改建為露天廣場，2009 年正式定名"上環文化廣場"。

市來批發蔬菜。該塊三角型的空地，就用來改建一座公廁和公共浴室了。

蔬菜統營處本是四十年代末期設立的，但到五十年代初期才日臻完善。菜欄批發蔬菜雖不在上環，但是批發生果的果欄，仍然要在上環街市批發，因為本港並無“鮮果統營處”之設。從前在該處批發生果的果欄，留在原地經營。

每天早上，就是全港的果販到該處去購買生果應市的時候，上環街市的南座和北座之間，即德輔道中的末段，與永樂街之間的小巷，都滿佈著果箱，各種各式的生果都在該處供零售商購買。最熱鬧的時間，是上午十時左右，港島方面的果販，都來該處買貨。七十年代，全港有兩個鮮果批發市場，一個在九龍油麻地窩打老道與公眾四方街之間，而另一個則是上環街市。兩個市場以上環街市這個市場為最古，它是最原始的生果批發市場。

七十年代初，當局宣佈“市區重建計劃”，將上環水坑口街的古老房屋拆去，收回地段，擴闊了水坑口街，又將大笪地收回，並將嚤囉下街拆去，改寬了上環的面貌。目前仍有很多工程在進行中，相信再過若干年，該處的面貌，當會煥然一新，人們無法再看出開埠初期的面目了。

薄扶林道和裙帶路

薄鳧林村與裙帶路

薄扶林道是通往香港仔的主要道路，這條馬路名為"薄扶林"，驟看起來，似乎是從英文譯音而命名的，因它的英文名字為 Pokfulam，似是英國人或英國地方的名字。初抵港的移民，大多數都有這樣的感覺。其實，薄扶林並非英文譯音，而是正式的中文地名，因為在英人未來港之前，已經有薄扶林這一地名了。

嘉慶年間所編的《新安縣志》內，有兩條鄉村的名字，一名"薄鳧林"，一名"香港村"，都屬"官富司管轄村莊"，兩村的名字排列在一起，說明在 1840 年以前，這兩處地方極為接近，因編縣志時，除將所屬主管機關的村莊編在一起之外，亦取鄰近鄉村排在一起的制度。兩村排在一起，證明兩村極為接近。

就是說，古時的香港村，在薄鳧林村的附近，然則這香港村，是在香港中環或西環？還是在香港仔那邊呢？根據史料，香港村是在香港仔那一邊，而不是在港島的中環或西環。

現在先談薄扶林。上面說過，古有薄鳧林村，那麼現在的薄扶林道，就是因薄鳧林村而命名。只是將

"髩"字，改為"扶"字而成薄扶林。至於這條古村的位置在今日的什麼地方呢？它是在今日香港大學的正門入口處一帶，是一條依山而築的鄉村，今日香港大學一部分地方，都是古薄髩林村的村址。

薄髩林村可以說是香港本島中，古時最接近現時香港內港的一條村莊，因當時香港還未開發，港島今日中環和上環一帶，都是海邊，只有今日上環水坑口一帶的海邊有較淺水的沙灘，可以泊船艇。該處離薄髩村最近，故1841年英軍登陸香港，首先便發現一條山路，這山路從海邊伸展上山邊，沿山邊而行，可以到達薄髩林村和香港仔。

這條從港島內港海邊登上山腰而到香港仔的山路，稱為"裙帶路"。這條路到了水坑口上邊，向西行通往薄髩林村，另有一路向東行，可通往黃泥涌村。從船上望過去，就見這兩條仿似太平山的裙帶一樣的路，繞著山腰向兩邊伸展，故稱"裙帶路"。

"阿群帶路"真有其事？

十九世紀及二十世紀初，港人對"裙帶路"有一種傳說，謂英軍登陸的時候，因為不識路，找到一個水上人叫他帶路去香港仔，這個水上人家叫阿群，因此後來開發從荷李活道到香港仔的一條路，稱為"裙帶路"，說是"阿群帶路"而築成的。其實這是附會的傳說。"裙帶路"的"裙"不是"群"，它是衫裙的裙，並非人名中的"群"。"裙帶路"一名稱，也是英人來港之前便有。但許地山先生在《廣東文物》中，曾撰文加以考證，認為當時有"阿群帶路"那件事，阿群帶路且可各方面證實。

許地山在〈香港與九龍新界租借地史地探略〉中說：

相傳在道光年間，有一個專為英人做嚮導底，名叫阿裙（按又書作群）……那條路本是山徑，因為阿裙時常帶領外人從那裏通行，就叫做裙帶路。現在裙帶路底路表，還豎在瑪麗皇后醫院與薄扶林牛奶冰公司飲冰室中間的路邊。香港的別名也叫裙帶路。

許地山先生在三十年代來港，在香港大學教書，常常到港九各地作考古旅行，他是在薄扶林道路邊發現了一塊上寫"裙帶路"三個字的路標，認為"阿裙帶路"的傳說有實物證據，因此相信當年真的有個做嚮導的人叫阿裙。

這塊上寫"裙帶路"三字的路標，之前仍然立在路邊，筆者曾攝影留念，現在是否仍在，因沒有時間去考察，則不敢肯定。不過，這塊路標並不是用來紀念阿裙帶路的，這是古時鄉村道路用以表示路名的路牌。意思是說：這一條路名叫裙帶路，路的形狀有如裙帶一般，曲曲折折，而且是繞著山腰的路。

　　從前新界錦田鄧族人有很多乾隆年間的田契，這些田契上有很多是寫上田畝在裙帶路上，乾隆年間，還未有外國人到香港來，那時更沒有什麼嚮導，當然更沒有阿裙。從錦田鄧族的田契可以考證得出，裙帶路與阿裙帶路無關，而且還證明裙帶路是香港的土名。

　　羅香林也曾為裙帶路的路標做過考察工夫，他到錦田去看過鄧族的田契，並且發現錦田鄧族在 1843 年呈文給新安縣知縣，要求澄清香港的田租問題。原來自 1841 年義律登陸香港之後，宣佈港島歸英國統轄，那些原本批租田畝的佃戶，因為港島既屬英人管理，地權或有改變，因此拒不交租，到了 1843 年，錦田鄧族收不到租，因此便向新安縣投訴。這張呈文，裏面提到裙帶路。呈文的一段云：

　　承祖鄧春魁等所遺存乾隆年間買受東莞稅田總名裙帶路，內分土名黃泥涌等處，計下稅三頃略，有斷賣契炳據，向批佃戶彭、周、呈各姓耕種……

　　文中的“東莞稅田總名裙帶路”，就是指香港而言，文中稱“東莞”，那是因為康熙年間本港地區因在“遷海”的地區中，新安縣一度撤銷歸入東莞縣所轄，故此稱“東莞稅田”。那時田主繳稅，要繳到東莞縣城去。

從這一篇呈文亦可看到，裙帶路是繞著該島的大山，一邊通往香港仔，一邊通往黃泥涌。正因如此，裙帶路就成為香港別名。在未開埠前，港島就只有山腰這一條狀如裙帶的小路，這小路上有路標，便以路標的名字命名這個小島。清代有不少文學作品，亦將香港稱作裙帶路的，如何時秋的"義馬行"就是。

何時秋的"義馬行"，載《香山詩略》卷十中，詩前有小序，提到裙帶路即香港。其小序云：

義馬為故三江都督贈太子太傅陳公聯升遺騎。庚子冬，英夷陷沙角，公父子陳歿，馬為夷人所得。飼弗食，騎輒顛仆之，且躍起，為復仇狀。夷人怒，以刀剜其肉，放之香港。客有自裙帶路來者，見馬遍身瘢痕，夷人餽之，卒不食，經日垂首海濱，有故主之恩。南海李子黼作《義馬行》屬余和之。

文中"放之香港"，又"客有自裙帶路來者"，就是將裙帶路作為香港的異名。古文筆法多變重複，故上方稱香港，下文稱裙帶路。

這篇"義馬行"中所詠的義馬，是 1840 年英國發動鴉片戰爭時的事。庚子是 1840 年，當時英軍攻陷沙角炮台，奪得了一匹馬，運來香港，這匹馬原來是陳聯升的坐騎，英人知道是良馬，但用盡辦法都不能使牠馴服，終於牠絕食餓死於香港。時人稱之為義馬，說牠不肯投降為來人服務，故作"義馬行"歌詠牠。

"義馬行"有幾句云：

……夷人得馬喜將鬻，馬恥不食甘忍飢，馬心只有求一死，刀鋸鼎鑊安所施。夷人知馬不可屈，縱之海隅歸來疾，馬歸未遂復仇志，馬歸時滴思主淚。看他鼠竄與狐媚，聞馬之風得無愧？

這匹義馬，當時一定在裙帶路上悲嘶過的。

從這些歷史文物中可以證實，裙帶路的得名，並不是有個阿裙或阿群帶路，而是因這一條山路，形似裙帶而得名。但是有些考據家，又根據另一些文件證明確有阿群帶路，他們是根據錦田鄧族一些歷史文件證明，說裙帶路又名群大路，這就證明是阿群走的大路。

原來錦田鄧族租嘗管理人現在仍然保存"香港等處稅畝總呈"的文書，這些文書中，有一份是道光二十二年（1842）鄧致祥等人呈上廣東布政司的呈文，文中有以下幾句："事緣先等祖遺新安土名香港、群大路、大潭、覆潭、橫瀝、洛子壟、大撈下、鹽田、岡慈嶺、松木岡等，田稅八頃零。……"因此說裙帶路又名群大路，是阿群走的大路。

不知道這一張呈文中的"群大路"，只是因音填字，還是將"裙帶"寫作"群大"。類似這種紀音字

46

見之於古代文書中實在不少。例如上引述的錦田鄧族呈給新安知縣的呈文中，有"有斷賣契炳據"的字樣，今人稱這些字為白字，但在古代文書中此類字是很多的，就是官府的文告，亦頗多這一類紀音字。所以不能因為文書中有"群大路"三字，就說是阿群帶出來的大路。在薄扶林道那一塊石刻路標，上面本刻上"裙帶路"三字，後來這路標卻改為"群帶路"云。

原來，現時仍立在薄扶林道上的路標，上面的"裙帶路"三字，已改成"群帶路"，不是用衫裙的裙，是用群眾的群，這路標是用三合土製成的，據說原本的那塊石刻路標已埋歿了很久，是在修路時修路工人刻上去的。可見考證地名的不容易，如果不根據前人的文字紀錄，單憑一些片面的證據，就很易以訛傳訛。

本港最古老的一條馬路

"義馬行"所描寫那匹義馬，可能在薄扶林道上跑過，這不是全無根據的憑空臆測。須知薄扶林道是本港開埠初期軍馬馳騁的跑道。《香港建築業百年史》內有〈馬場的今昔〉一章，其中一段載云："根據古老傳說，本港開埠初期，賽馬的地點並非在快活谷，而在薄扶林道上舉行。當時還沒有馬場，也沒有馬廳，只由當地駐軍牽出他們的軍馬比賽，隨便在路上跑跑而已。"賽馬是英國人傳統娛樂,凡有英國人存在的地方,便有賽馬的玩意,但在早年舉行的軍馬比賽,大概不算得是正式的賽馬吧。

可見當時英軍是在薄扶林道上馳馬,那匹義馬既為英軍奪去,運來香港,當然會把牠牽到薄扶林道來騎牠,但牠不肯屈服,被驅到山下海邊去,這是很合理的推測。

由此證明,薄扶林道是本港最古老的一條馬路,它原本就稱裙帶路,是薄鳧林村村民到港島北面和南面的一條山腰的道路。

英軍登陸香港時,發現這條山路可以通往赤柱及香港仔,因此先將這條山路開闢了,以便運送大炮及其他軍需品到香港及赤柱去駐守。由於這條路在薄鳧林村,因此便把它叫做薄扶林道。初期的薄扶林道當然沒有現時的寬闊,但已經有馬路的規模,可以容得下兩架馬車通過。

這條路自古以來都是聯絡港島南北的動脈,故開埠不久,即將該路開到西營盤來,西營盤是開埠初期英軍駐紮的營地,列為禁區,因此這條路也成為軍事道路。在路旁的薄鳧林村村民很早就被迫疏散,故現在已無法找到該村的一絲半跡。大家只知該村原在香港大學入口處而已,沒有辦法證明究竟在哪一位置。

由於薄鳧林村是一條古村,村前村後有很多樹木,當英軍在開埠初期開闢道路時,伐去不少樹木,但村下的山野間的樹木，因不礙道路，沒有被砍去，因此便留下了一些證據，勉強可以證明薄鳧林村的位置。

薄扶林道發現的新品種花樹

1973年，香港市政局獲得英國批准使用一種新的局徽，這局徽的中央部分，是用一朵紅色的五瓣花作圖案，這朵五瓣的紅色花，被定名為香港市花。這朵香港市花，是1908年在薄扶林道山坡下面發現的，由於它是別處地方未發現過的花，算是香港土生土產的花，因此把它稱為香港之花，亦即市花。[3]

香港市花的發現經過是這樣的。1908年，一位法國教會的神父，研究香港的植物生態，經常到港島南面的山野間去找尋植物標本。有一天，他來到薄扶林道向海的山坡處採集植物標本時，發現山坡上有一間破爛不堪的中國式鄉村小屋，這間屋久無人居，但屋旁有一棵大樹，樹上正開著紫紅色的花朵。

他走到樹下去欣賞這棵樹上的花，覺得它的花形和本港常見的一種樹花相似，但花形略大。所謂常見

3　編者註：市政局前身是1883年成立的潔淨局，在1936年改組為市政局。其於1973年再改組，管理城市文康建設及衛生設施，並於此時開始使用香港獨有的洋紫荊花圖案作局徽標誌，直至1999年該局被廢除為止。

的花樹，就是羊蹄甲樹。

羊蹄甲的樹葉好像兩張樹葉孖生在一起，作橢圓形，好像羊的蹄甲一樣，故名羊蹄甲樹，但是羊蹄甲的葉比那株樹的葉略細，花也略細。這位法國神父對本港植物研究多年，頗有心得，他知道羊蹄甲在花開得燦爛時，樹上必掛著一條條像腰刀形的莢果，而這株樹上，卻沒有垂下莢果。因此他認定是另一種樹，而不是羊蹄甲樹，但他不敢證明，只好回去研究。

他採了花和葉作標本。遍查所有植物學書籍，發現這種五瓣的花和紫荊花相似，和羊蹄甲花相近，因此先名為之洋紫荊。後來等到花已落，再到破屋的樹下去細看，見到樹上完全不結莢果，證實不是羊蹄甲。後來經很多植物專家鑑定，這種花是香港獨有的，而且是香港新發現的，應該給予一個學名。

大家都知道，每一種植物，都有一個學名，所謂學名，即學界上的名稱，這是便於分類及提供全球學者研究的措施。法國神父初時叫這種樹花為洋紫荊，這是口頭的稱呼，學名必須依照植物分類學的原則，再加上新的命名。

當時發現這種全世界首次發現的花樹，是在薄扶林道對下的山坡，上面就是香港大學的建築地盤，因當時香港大學已決定興辦，他覺得應該以一位港督的名字命名，而這位港督對植物學又有興趣的。在和眾多的植物學家研究後，決定以卜力爵士之名命名，因

卜力對植物頗有興趣，卜力即卜公碼頭的卜公，他是
1898 至 1903 年的港督，英文為 Sir Henry Blake，便以
Blake 為它的學名。

這種花樹和羊蹄甲十分相似，羊蹄甲學名為
Bauhinia，因此它的學名全名叫 Bauhinia blakeana。葉
林豐先生譯它名為"卜力爵士巴希利亞樹"，"巴希利
亞"就是羊蹄甲的學名譯音。

這種樹的學名，正確的譯法應為"卜力羊蹄甲"，
但普通人一向不理會植物學名的，所有樹木都以俗名
稱呼，故此這種樹，一直以來被稱為洋紫荊。市政局
編印的《香港樹木》一書，亦用洋紫荊命名這種樹，
在洋紫荊的彩圖下面，也解釋這種樹和羊蹄甲相似，
並且還說明，此樹是在薄扶林道山坡下發現。

《香港樹木》記這種香港市花在薄扶林道被發現的
情形云：

> 洋紫荊。中等常綠喬木而有伸展或向下垂之枝條，為
> 香港最有觀賞價值喬木之一。最初本植物是由一位法國教會
> 神父於一九零八年發現於薄扶林近海邊破屋附近，後以亨利
> 布力爵士，一八九八至一九零三年之香港港督而命名。於
> 一九六五年正式被採用為香港之市花。

香港的市花既在薄扶林近海的破屋附近被發現，
這就可以考出古時薄鳧林村的範圍極廣，約在香港大

學正門至瀑布灣山坡下面一帶。相信 1908 年法國神父發現此樹的時候，那間破屋就是薄鳧林村的村邊小屋。因為，他在記述發現此樹的經過時，不說在薄扶林道，而說在薄扶林，可能當時附近還有些村民居住在該處。

香港八景的 "扶林飛瀑"

現在華富邨附近，仍有一條薄扶林村，但相傳該村大部分村民，都是在開埠之後，從村北遷來居住的，只有小部分是住於該處數百年的原居住的村民，可見古村從前佔地極廣。正因如此，整個從香港大學正門到瀑布灣一帶，都稱為薄扶林，即指這個地區，是薄扶林村範圍之內。現在的薄扶林道，也伸展到香港仔去，整條路通稱薄扶林道。

"扶林飛瀑" 是香港八景之一，從這一點亦證明古薄鳧林村伸展到瀑布灣那邊去。

清末時一群老師宿儒，為香港的景色定下了 "八景"，這八景是：一、爐峰燈影；二、霧鎖天橋；三、鵝澗榕陰；四、扶林飛瀑；五、鯉門夜月；六、赤柱朝暉；七、杯渡禪蹤；八、宋臺殘照。這八景其中一景，就是在薄扶林道上，故亦頗足一述。

港島的夜景是相當美麗的，故 "爐峰燈影" 名列第一。香港的太平山從前叫香爐峰，現在山頂的盧吉道，在近西邊的地方，有一段是棧道，從山下望上去，有如一道天橋，香港又是多霧的小島，每當有霧時，這條盧吉道的棧道被薄霧籠罩，當太陽升起，微風吹來，霧將散未散的時候，這棧道彷彿在雲裏的天橋一樣，煞是好看，故稱這景為"霧鎖天橋"。

"鵝澗榕陰"這一景已經不再存在了，因為這一景是指鵝頸橋兩旁的榕陰，現在連鵝頸橋也沒有了。現在談談第四景中的"扶林飛瀑"。

有人說"扶林飛瀑"即"鰲洋甘瀑"的別稱。"鰲洋甘瀑"是"新安八景"之一，地點不在薄扶林道，並非"扶林飛瀑"的別稱。

但很多人都說，現在沿薄扶林道而行，也找不到一條瀑布，難道"扶林飛瀑"這一景早已不存在麼？不是，這一景現在仍然保存下來，而且經市政局加以整理，已成為街坊們旅遊的好去處。只因沒有人品題，遊人未注意罷了。

原來"扶林飛瀑"就是現在的"瀑布灣公園"內那條瀑布，這條瀑布在現時的華富邨下面的海邊，1976年，當局把這瀑布附近地區闢作公園，稱瀑布灣公園。

近代的文人墨客，不知道古時的薄鳧林村範圍極廣，聽到從前香港八景中有"扶林飛瀑"，於是沿薄扶林道找尋，但怎樣找也找不到，不知它在山坡之下近海濱那地方。由"扶林飛瀑"亦可知道古時薄鳧林地區的廣闊。

這條"扶林飛瀑"因為近海邊，在鴉片戰爭時，英國的商船軍艦，都是來這地方汲取淡水的。由於是山水，水質甘冽而又耐於久藏，故這條瀑布在英國是很有名的，差不多凡海軍軍人和艦隊船長，都知道有這一條瀑布。

從前華富邨一帶，稱為雞籠環，對下有兩個海灣，通稱雞籠灣。但因該處一海灣有瀑布，英艦來此取水，故英國地圖及現時的香港地圖，都把這海灣名為瀑布灣。另一海灣仍稱為雞籠灣，把兩個海灣分別開來。

從前華富邨一帶是墳地，名叫雞籠環墳場，由於這座墳場將下面的瀑布隔絕，要到下面海灣欣賞"扶林飛瀑"，必須經過一片大墳地才能到達，因此很少人去，有些人更加找不到。這一景被埋沒了幾十年，要不是市政局在之後將海灣建成公園，這瀑布會被人忘記。

薄扶林道範圍之廣，可從發現香港市花，以及"扶林飛瀑"等事實證明。而裙帶路亦即薄扶林道，也都可以從上述這許多例證中證明。因此也可以引證"香港"得名的原因。

香港的命名源於雞籠環 "香港村"

在這條古稱裙帶路的薄扶林道上，舊時有一條小村，名"香港村"，這條小村在瀑布灣附近，大約在雞籠環近香港仔那一邊。"香港"之命名，是由這條小村而起。

廣東省的鄉村，有稱村，亦有稱圍。圍者，取環繞而成村之意，香港最多這種圍村，有人認為圍村多屬客家鄉村，因為客家鄉村多將其村莊圍以土牆，以資保護，但未必盡然，本土人亦有稱村為圍者，而客家鄉村亦不一定稱圍。《新安縣志》載有客屬鄉村村名，亦有很多不稱圍而稱村的。香港村又稱香港圍，圍是俗稱，村是正名。

《新安縣志》有香港村之名，刊於官富司所轄村莊項下，從前香港島亦歸九龍城所統轄，嘉慶年間編縣志時，九龍城還未建築，亦未設九龍司，九龍城從前稱官富司，因此香港村屬官富司所管。這條香港村在康熙年間已經成村，而且香港之名，亦見於康熙時的田契上。原來康熙初年曾下旨遷界，後來又准各處村民回到原來的地方居住耕種，很多田契在康熙三十三年（1694）重新登記在冊。

錦田鄧族祖嘗，至今仍有這些契約文書保存，其中有"懇復原遷香港等處田畝"文書，裏面提到香港的田畝云："康熙三十三年懇復原遷土名大潭、橫瀝、香港、大撈下、洛子壟處稅三頃三十二畝一分六釐。"

可見香港之名，早在英人未來之前就已存在。

許地山先生認為英文 Hong Kong 之 Hong 字，其音為“康”，這是水上居民的口音，他認為英人初到香港，由一水上人陳群帶英國人從赤柱來到香港村，英國人問他這地方叫什麼，他就說是“康港”，因此英文便成“康”音。也正因如此，他亦把裙帶路稱阿裙帶路。

西人初來中國，詢問地名時多向水上人家詢問，這些水上人家古稱蛋民，俗稱“蛋家”，他們的方言多混入深喉濁音。例如澳門稱為馬交，亦是葡人初到澳門時，來到媽祖閣廟前，向水上人詢問該處是何地，水上人以“媽閣”應之，因其口音及深喉濁音，“媽閣”讀如“馬交”，因此葡人便以馬交稱澳門。香港也沒有例外，英人是向水上居民詢問香港村叫什麼，便以“康港”對。於是“香”字即讀成“康”字音了。

大抵當初英船來到瀑布灣上取淡水，看到山上有兩條村，向漁民詢問，漁民告知他們，上面一條叫薄鳧林村，一條叫香港村。

由於薄鳧林村在裙帶路邊，因此將村前一帶地區稱為薄扶林，香港村在山谷之處，依山成村，便稱村後的大山為香港，這山是全島的主峰，故把港島稱為香港，這是英人初來汲水時對香港的初步認識。到了開埠之後，便將薄鳧林村前的小路稱為薄扶林道，香港即全島的總名。

不合情理的 "運香港口" 命名之說

初時對香港命名原因有很多傳說，其中一項傳說是說明末有一位女海盜名叫香姑，盤踞香港島為基地，因此把這個島叫香港。許地山先生在他的著作中曾認為史籍沒有香姑的記載，只有一位海盜劉香曾在香港附近活動。他認為香姑的傳說可能起源於劉香。

《新安縣志》記述劉香在附近活動共三次。第一次是在崇禎六年（1633），當時福建方面的海盜鄭芝龍已被招撫，派鄭芝龍來這裏向劉香進攻，但被劉香突圍而出，逃往外洋。到了次年（1634）五月二十日，劉香又率賊船二百艘回來，攻陷南頭，但不久又離去。到了第三次，是崇禎八年（1635），劉香再來，但這一次被鄭芝龍蕩平。劉香三次來香港，但都不是把香港作為基地，因縣志用 "入寇" 字眼，形容他是由外地攻入，並非土著的海盜，所以香姑的傳說雖或起於劉香，卻不能認為香港命名由他而來。而另一傳說，則認為香港得名於本港生產一種香木，故以香木而得名。

羅香林等所著的《一八四二年以前之香港及其對外交通》第五章云：

至於 "香港" 二字，則原為自明朝至清初一個較小港灣的名稱。這個港灣，自清代乾隆以後，亦被稱為石排灣，其地址在今日香港仔的海灣以內。這港灣的東北岸，以至今日的小香港，從前則稱為香港村，蓋同以運香木出口而得名。

　　究竟香港得名，是不是因為一個運香木出口的港口而得名呢？這是稍有地理常識的人，都知道不合情理的。香港只是一個小島，除非只有這個島有香木出產，才會從島上將香木運往別處，假若連九龍都有香木出產，那麼香木輸出的港口，必在九龍而不會在香港。九龍地區大，生產香木必然比香港為多，輸出香木定然集中在九龍的海灣，又怎會集中到香港島的海灣來，而且還要集中到薄扶林那邊的海灣去呢？這是不符合交通運輸原則的想法。

　　那些主張香港命名是由運香的港口變成的人，引屈大均的《廣東新語》中的〈香語〉，說明明末東莞縣生產各種名香，以及北方需求莞香的狂熱，用以說明香港是當時運香的港口。他們有此想法，是因為看到戰前廣東的土產多先運來香港才轉運北方，因而以為本港未開埠前的交通也像開埠以後一樣發達，是以香木也要集中到香港來才北運。這是不科學的想法。

　　香港未開埠之前，對外交通是集中在九龍那邊的。官富場的鹽，由九龍灣啟運，南頭那邊有船到廣州，附近各地土產，都集中到南頭去運往北方。東莞的香北運，也沒有理由先運到香港南部才北運的。因為那時香港還未開埠，何必捨近圖遠，增加多一筆運費？

由此就足以證明"運香港口"之說不能成立。其次，我們看看《東莞縣志》對莞香的產地的分佈，便知莞香決不能先運到香港來才北運的。縣志載云：

> 莞香先辨土宜，土宜正者，雖歷年少者而佳，不正者雖愈久而無用。如金釵、馬腦、馬蹄岡、金桔嶺等鄉，土宜之上者也。次則白石嶺、雞翅嶺、百花洞、牛眠石諸處，亦不失為正。若烏泥坑、寮步，則斯下矣！

所謂土宜，就是宜於種植香樹的泥土，上文把宜於種香樹的泥土分為上中下三種，所列的適宜種香的地名，莫說沒有一處地名在香港本島之上，就是接近九龍的地方也沒有一處，這些宜於種香的鄉村山嶺都遠離香港，又怎可能將香取南運到薄扶林道那邊的海灣，然後又北運開上廣州呢？

其實真正以香木命名的地方，並非香港，而是今日的中山縣，中山縣古稱香山縣，香山縣之得名，因縣內有香山，而香山的得名，是由於種滿香樹。香山的香洲，才是古時運香的港口。

羅香林等教授，曾在港九各地考察香樹的遺跡，用以證明香港得名和香木有關。他所編的《香港前代史》在很多註釋裏，都提到本港仍有香木生長。他指出，大埔林村放馬埔的叢林中，現在尚有白香木多株，粉嶺崇謙堂村後龍躍頭山一帶，又有香木數株，其中一株在從謙學校門首。他到中文大學去講學時，又見到馬料水有香木。香港大學附近的蓄水塘旁邊，都有香木。用以證明香港是產香木的地方。

這些只能說明新安有香木出產，不能說明香港是因香木而得名，更不能說香港因為是運香木出口的港口而名香港。古時新安縣屬東莞縣所轄，莞香的產地是東莞縣，本地區也種植香樹並不為奇，但主要的產地，以及其著名的產地不在香港島，是顯而易見的。

沉香與土沉香

究竟香樹是什麼東西呢？它其實名叫土沉香。現在很多公園都有種植，兵頭花園[4]和九龍公園都有，街坊們可以到公園去看看。公園的樹木前多有一個塑膠牌，寫上樹木的中文名及西文學名，其中只寫"大沉香"的就是。

這種香樹俗稱白香木，是用來製造拜神用的線香的原料，同時也就是"莞香"的原料。因為這種香樹有膠質，將樹幹取來香粉，便可製造線香，樹頭因為樹膠流下，聚於樹根的地方，經過十年以上，即形成一種結晶，就是"莞香"。

4　編者註：兵頭花園即中環的"香港動植物公園"。

土沉香就是白香木，這種香樹的樹幹用來舂成木粉，可製線香，它的根部積成的結晶體，就是莞香。屈大均《廣東新語》中的〈香語〉說得很明白：

凡香，先辨其所出之地，香在地，而不在種，非其地，則香種變。……夏月，子熟，種之。苗長尺許，乃拔而蒔，蒔宜疏，使根見日，疏則香頭大，見日則陽氣多，歲一犁土，使土鬆，草蔓不生。至四、五歲，乃斬其正幹鬻之，是曰白木香。香在根而不在幹，幹純木而色白，故曰白木香。非香，故曰白木，而不離香，故曰白木香。此其別也。正幹已斬，留其支使益旁抽。又二三歲，乃於正幹之餘，出土尺許，名曰香頭者，鑿之。初鑿一二片，曰開門香，亦曰開口香。貧者八九歲則開香門，富者十餘歲乃開香口。然大略歲中兩鑿，春以三月，秋以九月。鑿一片如馬牙形，即以黃土壅之，明歲復鑿如之。自少而多，今一歲一片，明歲即得二三片矣。

這就說得很明白，所謂"莞香"，其實是樹頭的樹膠結成的結晶體，將種了幾年的香樹，將它的正幹部分斬下來，那正幹就是白香木，賣給人家做線香之用。餘下來的樹頭，因沒有正幹，只有餘枝，那樹頭仍是生長的，用泥土埋下斬去正幹的地方，經達三幾年，那地方就出樹膠結成結晶體而成莞香了。

香樹的樹脂因為正幹被斬去，因此就聚集在正幹下面樹頭的地方。用土把樹頭掩埋，樹液就聚集在該處，經過幾年，便結實如木。然後鑿出一片，鑿後又埋起來，第二年再鑿。所以他說種香不在樹種而在土壤，土壤又以堅實而瘠的為最佳，這是因為土質不黏潤，不會把樹液帶走，不會被雨水沖去。

其實這是人工製造沉香的方法。古時所用的沉香，也是取沉香樹的樹脂凝結而成的硬塊，作為藥用。南海諸島最多沉香樹，故古時的沉香多來自南海諸島。越南和泰國人採沉香的方法，是在沉香樹林中，尋找那些天然凝結的樹脂硬塊，這些樹脂硬塊有結在樹根裏面，有結在樹的正幹頂方橫枝分開的地方。是以尋找不易，找到了就當珍寶一般，售價極貴。東莞人發現本土所產的香樹和南海各國的沉香樹差不多，又知道沉香不過是老樹的樹脂凝結而成。因此用人工來培植沉香，想不到因此而大受北方人歡迎，視為奇貨，引起一個時期的培植熱潮。

土沉香和沉香是兩種樹，沉香樹和土沉香都是瑞香料植物，因兩種香樹都有樹脂，而且樹心的木質有一股香味之故。但沉香的香味濃，土沉香的香味淡，藥用的沉香不是沉香的樹幹，而是樹脂凝結成的硬塊，因這些樹脂硬塊與樹木緊貼而有木紋，常人不知，以為是樹木。

為了說明香港的得名和香樹無關，是以不能不考察沉香和莞香的真相，這是很多研究香港史地的學者所忽略的。他們連莞香是什麼都未弄清楚，就因香港曾屬東莞縣所轄，而香港又有土沉香這種香樹，便附會香港因曾運香出口而得名。上文已說過盛產香木的地區沒有一處接近新界，更不可能在港島，故沒有運香出口這一回事。現在把 1979 年出版的《辭海》中有關"沉香"的一條錄出，以說明沉香和土沉香的關係：

> 沉香，植物名，學名 Aquilaria agallocha，亦稱伽南香、奇南香、瑞香料。常綠喬木，葉革質，卵狀披針形，有光澤。花白色，傘形花序。產於印度、泰國、至越南。我國台灣等地有栽培，心材為著名薰香料，中國醫學上用含有棕黑色樹脂的樹根或樹幹加工後入藥，性溫，味苦辛，功能納氣，溫腎，主治氣逆喘息、嘔吐、呃逆、脘腹疼痛等症。另種土沉香（A. Sinensis），亦稱女兒香、崖香。產於我國南部，以海南島最盛。木材亦有香氣，用途相似。

看了這段說明，就知道《廣東新語》所記莞香實際是人工培植沉香的方法，即砍去正幹，讓樹脂的膠液流到樹頭外，用泥土密封，待它結實而有木紋而成。這種人工培植的沉香，在明朝曾受士大夫的歡迎，作為珍玩而收藏。

《廣東新語》記述明代士大夫視東莞出產的人工培植沉香為珍品的情形如下：

當莞香盛時，歲售踰數萬金。蘇松一帶，每當中秋夕，以黃熟徹旦焚燒，號為薰月。莞香之積閶門者，一夕而盡，故莞人多以香起家。其為香箱者數十家，藉以為業。其有不經製造者，亦曰生香，以上香雜沉香中薰炙成紋，以應賈人之急。亦曰熟香，其以瓦礨燒熱，投劣香中，厚蓋之，使火氣逼而積液盈。而點點成斑綜紋，以為此王格也，熟結也。斯為偽香，而吳下亦多售之，故香估易以至燒。……自有東莞所植之香，而諸州縣之香山皆廢矣。昔之香生於天者已盡，幸而莞以人力補之。實之所傳，反無名焉。

上面這段文字，除了說明當時蘇松一帶的士大夫需求東莞的人造沉香情形外，亦說明沉香的本質，是"以人力補之"的一種香料，亦足夠說明所謂莞香，不過是人工培植的沉香罷了。

我們再研究一下出售莞香的地方，究竟在不在香港，因為莞香既然行銷到江南各地去，各地商賈就會到來買香，必然形成一個賣香的市場，這市場如在香港，便可以說香港因此得名。孟鴻光有"東莞香市"詩，詩云：

繞市濃芬撲鼻吹，海南真是擅珍奇。
風流舊俗沿天子，今古芳名屬女兒。
玉局硯山曾想說，盧衡香志竟多遺。
十年種樹仙村嶺，夜雨金釵結腦時。

這首詩以"東莞香市"為題，收入《學海堂二集》卷二十二中，說明當時的莞香貿易地點，是在東莞縣城，並不在香港附近。

古人行文的習慣，在地名方面，如屬該縣的縣城，即以該縣的縣名稱之，如果地名在縣內而另有名稱，則必以該地名稱呼。如果買賣香料的市場在薄鳧林村或香港村，詩人作詩，不會以東莞香市為題，而必曰薄扶林香市，或香港香市，今詩題為"東莞香市"，是說明了貿易市場在東莞縣城而不在香港。

當東莞全盛時期，莞香集中在東莞縣城來交易，故此這種人工培植的香料名叫莞香，亦不稱仙林嶺香或金釵嶺香，這是以出售地點的東莞城命名的原故，由此可證香港得名，與香樹完全無關。至於為什麼叫這島做香港，這是因島上的主峰名叫"紅香爐峰"之故，而島的主峰下有條香港村，因而名之為香港。

至於再詢問香港村又因何而得名？這就很難考究了。因為各鄉村的村名，有些是有根據的，有些是無根據的，在乎建村之初的族長的歡喜，正如父親替一位出世的兒子取名一樣，有取吉祥字眼命名這兒子，亦有隨便給予命名，如阿豬阿狗阿牛之類，不必考察他的名稱的來歷。或許香港村開族的族長來自香山縣，名之為香港村亦有可能，甚或有其他原因，但都不必考究。

話得說回來，現在香港的市花是將在薄扶林發現的洋紫荊花為市花，而不用大沉香的花為市花，就足夠說明香港不因有香木生長而得名了。假若真的香港是由於多香木生長，又是古時運香出口的港口，為什麼市花不用香木的花，而用一種變種的羊蹄花用來作市花呢？

薄扶林道的發展歷程

上面已把薄扶林道和裙帶路的歷史說明，現在談談該路的發展經過。在本港開埠初期，土地發展集中在中環一帶，還沒有向西發展的需要，因此薄扶林一帶仍是郊區。只因這條路是聯絡香港仔和赤柱等地的主要道路，故此已築成可行馬車的馬路，但附近的地皮，仍未有機會加以發展。於是路邊的山地，就被利用作為墳墓之用，該處有兩個主要的墳場。

一個是基督教墳場，另一個是雞籠環墳場。基督教墳場現在仍然存在，但雞籠環墳場，已經早在二十世紀五十年代末期加以遷徙。

從前雞籠環有很多義山，所謂義山，其實是一種屬於善堂及會館的私人墳地，各邑的同鄉會、商會、工會都有墳地在該處，這種義山的組織，是廉價甚至是贈送給會員親屬用以安葬去世的親人的墳地。在那廣闊的山野地區，各社團都有自己的義山，每年清明節或重九節，各社團都組織拜山旅行，集體到雞籠環來拜山。當時交通不便，孝子賢孫多步行而去。

　　當東華醫院成立後，雞籠環的墳場，除了各社團的義山墳地外，其餘的墳地都由該院管理，把雞籠環的亂葬崗的情況改善。

　　我國各城市的近郊，古時都有"亂葬崗"這種墳地的。所謂亂葬崗，就是沒有人管理的墳場，人死了就抬到該處去安葬，因此有錢人多不願葬在亂葬崗上，亂葬崗就變成了貧民的墳場，下葬時雜亂得很，拜山的孝子賢孫常常因為墳地的雜亂，要花很多時間才能找到祖墳。

　　義山的產生，就是在這種情形之下出現。很多團體在亂葬崗上另劃出一塊山地作為團體的墳地，請人管理山墳，下葬時又比較有條理，墳頭一座座排列成行。這是中國墳場的發展過程，香港的墳場，初期也依這過程而發展。

　　東華醫院管理雞籠環墳場後，也設立過不少義塚，例如光緒年間的一場大風災，死人無數，事後檢獲白骨纍纍，將這些白骨集中起來，建一座大墳墓，稱為"遭風義塚"。這個義塚在雞籠環墳場遷往和合石之後，也遷往和合石。現在和合石墳場，仍有這一個義塚存在。

　　雞籠環墳場的遷去，是由於本港人口過多，住屋的地皮不夠應用，要將郊區土地發展。墳地遷去之後，當局把山地剷平，作為建屋之用，這一大片土地，今已建成巍峨大廈，而且已成鬧市，它就是現時的華富邨。

當華富邨興建之初，沒有人願去居住，這因為當初交通不便，而且迷信的人知道該處從前是墳地，不敢去住。很多申請廉租屋的人放棄了應得的權益，被後補的人補上，後來知道住下去的人生活得很好，於是又爭相要求住到華富邨去。

由於交通的改善，以及整條薄扶林道都擴闊了，不僅勞苦大眾願到該處去居住，就是中等收入的人，也願到該處去居住，附近的土地，亦因而發展成為私人樓宇。

置地公司亦在附近發展一個龐大的住宅區，稱為"置富花園"，這是在 1972 年該公司收購牛奶公司之後，發展牛奶公司在薄扶林道旁邊的土地而建成的，如今已成為一處高尚住宅區了。

今日的薄扶林道，已不再是裙帶路時代的荒蕪，在靠近山邊的地方，發展成很多高級住宅區，從前的鄉村風貌，已完全改變。古代的裙帶路，開成寬闊的大馬路，每天除了有專線巴士和小巴行走於華富邨、香港仔和置富花園之外，並有很多豪華汽車在這條古道上行駛。古道近海的山坡下面，發展更為驚人，該處建設了很多平台作為屋地，興建了很多複式的洋樓，供更高級的富人居住，從前曾是貧民生死交聚之區，今已全面改觀了。

爹核士街和戴維斯

香港的第二任總督

　　香港有很多街道，英文名字相同，而中文譯法不同，爹核士和戴維斯的英文都是 Davis，但堅尼地城的一條 Davis Street 則譯作爹核士街，而摩星嶺上的 Mt. Davis，卻譯作戴維斯山，可見香港早期的翻譯水平很不劃一。爹核士和戴維斯兩種譯法，前者但覺其 "核突"，而後者則頗為儒雅。

　　戴維斯是香港的第二任港督，他的原名 John Davis 應譯作約翰戴維斯。他在鴉片戰爭之前已來過中國，在澳門任過東印度公司大班。1833 年英國取消了東印度公司對華貿易的特權，任命律勞卑為第一任駐華商務總監時，並任命戴維斯任第二商務總監。因此他在中國文書中，亦另有一中文名字，稱為 "德庇時"。

　　1834 年律勞卑以英國駐華商務總監的身分來到澳門，戴維斯是當時的 "中國通"，協助他和滿清官吏辦交涉，展開對華貿易。但當時的兩廣總督盧坤，認為這樣進行貿易不符傳統法度，不承認律勞卑的資格，要他仍本大班的身分進行貿易，律勞卑因此被氣得生病，從廣州回到澳門醫治。但他終於不治，病逝澳門。

律勞卑死後，身為第二總監的戴維斯就升上為駐華商務總監，他為息事寧人計，仍依舊時法度進行貿易。這段時間中英貿易如常進行，但他的下屬義律對他的遷就態度極不滿。

　　掀起鴉片戰爭的英國駐華商務總監義律，當時是隨律勞卑於 1834 年來到澳門的，他只是律勞卑的一名隨員，律勞卑病逝後，戴維斯升他為秘書，想不到他聯同英商向倫敦攻擊戴維斯的軟弱，戴維斯被迫於 1835 年 1 月辭職返英，到 1836 年義律才被升為駐華商務總監。自此之後，義律就推動炮艦政策，使中英關係推進到鴉片戰爭去。

　　鴉片戰爭結束後，砵甸乍是戰爭的直接指揮者，成為第一任香港總督，他在 1844 年任滿返英，英國便派戴維斯為第二任港督。他是當時英國政壇上唯一最熟悉中國情形的人物，又當過商務總監，曾和中國官吏辦過交涉，被認為是最理想的人選。

　　他於 1844 年 5 月 7 日來港上任，與他同坐一條船來港的還有三人，一名布魯士，一名曉吾，一名羅拔奇。原來英政府曾於戴維斯赴任時，訓令他在香港從速建立一種制度，以利日後長久統治。因為上任總督砵甸乍在任時期，政制還未確立，大部分政氣都屬於軍令性質。英國需要一套完整的制度在港統治。故此戴維斯帶了這三個人同來。他上任後即任命布魯士為輔政司，任曉吾為按察司，任羅拔奇為最高法院登記官。

布魯士就是香港的第一位輔政司，曉吾是香港第一位按察司，這樣的制度，從戴維斯確定下來。按察司掌全港司法機關，輔政司掌管香港政府的各種行政。

交還舟山問題

戴維斯上任之初，香港有一部分英國人主張從香港撤退到舟山去，因為當時英軍仍佔據著舟山。這些英國人認為舟山比香港好，香港是一個死亡之島，不宜於歐洲人居住，舟山的氣候很好，適宜歐洲人居住。提出以舟山交換香港的英國人，以當任庫務司馬田為首，另外還有很多英軍的軍官。他們上書英倫，說香港非常恐怖，歐人住在島上，死於疫症的甚多。他們提出例證：第 98 團英軍，在 21 個月內，有 257 人死於恐怖疫症。又炮兵團亦有 51 人死亡。像這樣的恐怖小島，肯定不能成為商埠，反觀駐舟山的英軍，生活愉快，很少死亡。他們要求撤出香港，以舟山為商埠。

戴維斯剛任總督，遇到這一逆流，自然要力加反對，因為如果撤退的話，他這個總督就做不成。他一方面向倫敦力陳英軍死亡是由於環境衛生未做好之故，力斥馬田的謬論沒有根據。另方面他和德忌笠將軍商量，改善英軍的居住環境。結果英軍死亡減少，證明他的觀點正確，於是他準備將舟山交還給滿清政府。

原來鴉片戰爭時所訂的條約，英軍佔據舟山和鼓浪嶼，必須等到滿清政府交清賠款之後，才能交還。戴維斯恐在港的英軍多生枝節，希望早將舟山交還給清政府，所以他特寫一封親筆信，邀請當時的欽差大臣耆英來香港面商一切。

耆英便於 1845 年 11 月 21 日來港，與戴維斯面商交還舟山問題。耆英將此次來到香港的情形，向道光皇帝報告。他的奏章稱：

臣耆英於十月二十一日（農曆，公曆為 11 月 20 日）帶同委員趙長齡、潘仕成等由省登舟，行抵黃埔，適德庇時遣夷目三人，駕火船二隻前來迎接，當即乘船前往，於是日馳抵香港。該夷盡列隊伍，迎入館舍。

德酋於次日率領夷目多人來見，執禮甚恭。據稱尚有應商各事，或在臣行寓，或在伊洋樓，聽候酌定。臣即於是日帶同趙長齡潘仕成前往洋樓。該酋屏去從人，祇留郭實拉（即郭士立）一人在側。臣告以本年應交洋銀尾數業已備齊，可定期來取。舟山亦應如期交還，以符成約。該酋復稱銀兩應俟屆期再行請領，舟山必定如約交還。惟英兵在舟山數年，該處民人多與往來，交還之後，乞弗深究。臣等以該處民人皆天朝赤子，和約內業經載明，凡係中國人與英人來往者，概准免罪。……

戴維斯在中國文書中被稱為德庇時，從耆英的奏章中可以見到。這一次戴維斯約耆英來港，商議交還舟山各節，他知道耆英已準備將最後的一筆賠款交還，故此答應領款之後即交還舟山。當時耆英在香港住了四日，戴維斯曾親自陪他環遊港島一周。臨別時，戴維斯又親自送他上船，並贈送一正白馬給他。耆英返抵廣州後，除寫了專函致謝戴維斯之外，並回贈牛羊綢緞茶葉及糖果給戴維斯。

耆英和戴維斯的香港會談，是歷史性的會談，因為自此之後，中國就再沒有派欽差大使來香港，和英國的全權大使舉行會議。原來，戴維斯當時的官職，是英國駐華全權大使，兼駐華商務總監及香港總督，故此他有權決定香港以外的事務，所以舟山的事他有權決定。

耆英於稍後時間，將鴉片戰爭賠款的最後一筆款項四百萬元，折合紋銀二百八十萬兩交給戴維斯。戴維斯收到這筆款之後，就在本港的憲報上刊出英軍自舟山撤退的公報。

但是，這時在港的英商看到憲報上的公報，頗有煩言。原來英商認為舟山不應這樣快交還，因為滿清政府曾答應英國人可以自由進入廣州城內貿易，但廣州方面仍然堅拒英人入城，應該利用舟山來作要脅，要解決入城問題之後，方可交還舟山。這股壓力很大。

原來，鴉片戰爭後英國雖然強迫政府簽了《南京條約》，允許英人在華通商，但是廣州一地，由於戰爭時期的殘酷殺掠，廣州當地人民仇英的憤怒未平，民間堅拒英人入城貿易，只許在城外十三行一帶照以前的方法貿易，此舉令英商大失面子，故此要求戴維斯利用舟山交還問題，要脅耆英准許他們入城。

其實戴維斯早在上任之初，就想解決入城問題。他在就職後不久，即以全權大使的身分，乘軍艦到廣州拜訪耆英，表面上是禮貌性的訪問，實際上是用以進為退的外交手腕，企圖迫使耆英准許英人入城。他的手法是：既然英商不能入城貿易，則英商為了擴展貿易計，要在河南建築商館，要求租借河南沿岸地區，作為貿易之地。梁廷枏的《夷氛聞記》曾載云：

於是耆英不得已，勉派府縣官頻傳業主，會議價值。未決，而德酋竟以（道光）二十四年（1844）四月初二、三、四日，身履河南洲頭，自為丈量，插旗誌界。民見事在必行，越日集眾雙洲書院，言出而髮指者數千人。其老成者謂與其生端事後，不如陳說事前。乃以情理利害四端，詳縷其詞，投以公函，斥其背約圖佔之非。

當時戴維斯只是做成一種態勢，作為談判入城問題的條件，並非真有佔據河南之意。

當時戴維斯以為提出租借廣州對岸的河南地區，耆英一定會跟他談判入城問題，怎知耆英信以為真，竟召集河南沿珠江的地主到來，商討賠償問題。他並不跟戴維斯將入城問題拉在一起，因此導致廣州人民集合抗議，並且寫了一封公開信給戴維斯，表示堅決拒絕他租用河南地區擴展商館。《夷氛聞記》所謂"投以公函"就是指這一封公開信。

這封給戴維斯的公開信全文約三千字，因篇幅所限，不能盡錄，只能錄出其中最精彩的一段，讓大家知道百多年前的一封給港督的公開信的內容。這一段是這樣寫的：

> 凡人安居，方能樂業，守信始可通財。今若不守信約，恃強換勢，奪人之產，佔人之田，固將為粵商所疑慮，亦不敢重託貨財，亦將為各國所恥笑，而不肯相與其事。況夫奪則必爭，爭則必鬥，爭鬥之際，商賈避亂而不前，貨物停市而不售。……此智者不取也。抑且不獨失利已也。其害更不勝言者。夫眾怒難犯，專欲難成。今河南共四十八鄉，佃戶不下數萬眾，其間賢愚不齊，強弱不一，心既不甘於棄地，志則可激成城……此福禍之機甚明，利害所關甚鉅，不待智者而知也。惟熟思而籌度之！

戴維斯看到這封信，悟出一條道理來，就是入城問題並非官府能力所能解決。

戴維斯親身見到廣州人民集會抗議，以及見到廣州人民的憤怒情緒，知道即使強迫耆英答應准許英商入廣州城內貿易也是徒然，因為仇恨的心理未平，就算是准許英商入城，也不安全。是以他後來對耆英說暫把租借河南的事押後再說，他先回到香港再算。

戴維斯與在港英商的磨擦

直到 1845 年耆英來港，將鴉片戰爭的賠款數尾交清之後，戴維斯在香港憲報公佈英軍撤出舟山的消息，香港英商仍是要求他藉交還舟山的事，交換英商入城。戴維斯曾對這批英商解釋，他在 1844 年到任之初，到廣州看過當地的情形，知道入城問題並非滿清政府不准許，是由於廣州人民憤怒未平。而這種不平的憤怒，英國人也有一些責任，因為很多英國人常常恃勢欺凌中國平民，激成眾怒。他希望大家約束一下，改善兩國人民間的關係，兩國人民和睦相處，入城問題就迎刃而解了。

但當時在港的英商，並不接受戴維斯的意見，認為他太軟弱，開始對他不好感。到了 1846 年 4 月 4 日（道光二十六年三月初九）他和耆英在虎門訂約交還舟山時，亦不把入城問題作為談判原則。原來，當時英國亦接受他的意見，認為當初既訂明鴉片賠款交足即將舟山交還，現在已收齊款項，理應依約辦理。入城之事，應待改善兩國人民關係後再議。

戴維斯在虎門與耆英會面，訂立交還舟山草約共四款，內容計有：一、廣州入城一節，暫緩討論；二、英人在廣州城外往來，內民不可欺凌，英人亦不可恃勢凌辱中國平民；三、交還舟山後，舟山不能另給他國割據或租借；四、如有他國侵略舟山，英國助中國防禦。

這次虎門會談，戴維斯帶了兩位隨員，一位就是吉士笠，一位是贊臣。耆英的隨員有趙長齡和潘仕成。草約正式簽字的日期，是 1846 年 4 月 4 日。

耆英即將會議詳情向道光皇帝奏報，到了 4 月 25 日（三月三十）接到皇帝覆旨"著即照所議辦理"後，耆英就派潘仕成到香港通知戴維斯，商定交還舟山的一切手續。中國派當時任常鎮道的咸齡為接收大員，戴維斯便通知駐舟山的英軍司令與咸齡聯絡。

戴維斯當時的身分除港督之外，是英國駐華全權大使，是以他要親自去辦理交還手續。他在 7 月 7 日離港北上，到達定海即進行各項移交手續。21 日，將兵房、倉庫、醫院交出，25 日駐舟山英軍全部登上戰艦，撤出舟山。他也乘軍艦從舟山回到香港。

在交還舟山的時候，戴維斯曾與當地的英商磨擦，因為當時舟山有幾個英國商人不肯撤退。他們提出的理由是貨物未賣出去。

當時既有英商主張以舟山為商港，放棄香港，亦有英商主張不將舟山交還，更有主張用舟山要脅清政府許可他們入廣州城，可見不少英商在舟山已有很多既得的利益。如今英軍要交還舟山，那些在舟山得到利益的英商，必然藉詞反對撤出，但戴維斯是英國的代表，不能因少數人的利益而影響國家的信譽，是以他強行要這些英商離開。耆英給道光皇帝的奏章，也提到這件事，其中有一段說：

據咸齡等稟稱：閏五月十四日（7月7日）德庇時乘坐火輪船與該夷續派兵船三隻，先後馳到，夷目懇秘力等同城外夷兵一千餘名，於二十八及六月初一等日，陸續登舟，初五日一併開行南去。

惟尚有英商二人，因存貨未銷，意圖逗留，該道等向德庇時再三理論，該酋始令各商速即遷移。該道等又因舟山係著船經由之道，恐此後過往夷商，復萌希冀，當令該酋續寫禁止英商不准再來定海告示二張，並據該酋寫給上海夷目字單一紙，內稱各商不得再來定海等語。均交該道收存，以為日後萬一之備。

戴維斯是執行英國政策才交還舟山，他也採取睦鄰政策，希望攬好兩國人民的關係。但是由於他把舟山交還給中國，損害了很多英商的利益，故當時的英商視他為眼中釘。

"甘頓案" 與 《領事事務條例》

戴維斯辦妥交還舟山之後，回到香港不久，廣州方面即傳來發生一件在本港法制史上很有名的"甘頓案"。這件案發生於 1846 年 7 月 4 日，有個英國人名叫甘頓，在廣州經商，他在城外買生果，因言語誤會，說那生果小販欺騙他，竟然用手杖打得那小販頭破血流。當時中國的巡城官兵出來干涉，他竟連官兵也揮杖痛擊，一時引起在場群眾憤激起來，遂至暴動。守衛十三行的英軍開火鎮壓，引致三名華人死亡，多人受傷。

戴維斯正致力於和睦兩國人民關係，甘頓這種橫蠻的行為，引致暴亂，嚴重影響當時的英國政策。是以戴維斯訓令當時駐廣州的英國領事麥基里哥，叫他逮捕甘頓，加以審訊。麥基里哥根據領事條例中"逞兇鬥毆"及"妨礙兩國邦交"兩條，判甘頓罰款二百元示懲。這本來是非常輕的判決。

但甘頓不但不知道他的行為魯莽，反而認為是戴維斯的偏見，他親自來香港，向剛組織較為完善的高等法院上訴，要求推翻原判。

香港高等法院本來可以不批准甘頓的上訴的。但當時香港英商對戴維斯絕不好感，他們支持甘頓上訴。根據剛訂立的法制，高等法院有權接受在華英人裁判的上訴，因此英商就利用這件甘頓案，來剃戴維斯的眼眉。

甘頓在廣州打人引起暴動，被麥基里哥判罰款二百元示懲，人人都知道是出自戴維斯之意。英商支持他來港上訴，目的是落戴維斯的面子。當時高等法院院長曉吾，就是跟戴維斯同坐一條船來港的，因此戴維斯事前，曾告知曉吾當前的形勢，是需要約束一下英國人的行為，才能有助於貿易和發展兩國關係。意思是表示對甘頓的判決，是非常正確的。

不料曉吾在判案時，竟然判甘頓上訴得直，推翻原判。戴維斯認為曉吾太不識大體，他將全案始末，向英倫報告，要求倫敦方面正視這一件事。而全港英商，聯合上海英商，也向英倫上書，指戴維斯此舉不當。這一件甘頓案，在當時香港社會非常轟動。在法制上，它表示香港的司法獨立；在政治上，表示英商因利益關係，直接和港督磨擦。

上文指出戴維斯曾在交還舟山時，令到英商不滿，他不僅強迫在定海獲得利益的英商撤退，還禁止英商以後到舟山貿易，連上海的英商也不許在路經舟山時到舟山去。是以在華在港的英商，都乘甘頓一案，攻擊戴維斯。戴維斯後來發現所有英商都在巴結曉吾，也知道曉吾並非像自己初期對他所期望那樣，是個以英國利益為重的人。曉吾這時已變成以在港英國人的利益為重的人，戴維斯是以開始對他另作評價。

戴維斯首先向倫敦提出自己的意見，認為在華英商犯法，領事裁判其罪名成立，可來香港高等法院上訴，實在是對商務總監的職權妨礙，要求倫敦撤銷領事裁判上訴至香港的法令。倫敦亦覺得這個意見很對，因為商務總監的責任在於監督英人在華一切商業行為，他有權訓令領事辦事，領事裁定有罪，如再來香港上訴，而商務總監又是港督，豈非妨礙港督的權力？

故此倫敦同意戴維斯的意見，於是戴維斯便在1847年1月，在立法局頒佈第一號法令，名為《領事事務條例》，取消了在華英商將案件上訴至香港高等法院的權利。該例大略有如下要點：第一、凡領事裁判案犯監禁，最高刑期為十二個月，罰款不得超過五百元；第二、如判案超過上述限度，可向商務總監申請減刑或緩刑；第三、商務總監有減輕或赦免特權。

這樣一來，當時在華英商及本港英商，就更加視戴維斯為眼中釘。當年香港一年一度的週年大賽馬，有一項錦標名"全權大使杯"，這隻銀杯是由戴維斯送出來的，是週年大賽主要的錦標賽。英商因為恨他剝奪了他們很多既得利益，甚至連犯事後上訴的權利也剝奪，因此聯合起來，不參加這一年的週年大賽馬，1847年的週年大賽馬因此而停頓。可見當時英商對戴維斯的憎恨，已達到公開的程度。

向英倫彈劾曉吾

戴維斯取消了高等法院處理在華領事裁判案件的上訴，就等於削去了按察司曉吾的權力。曉吾對戴維斯更加不滿，於是兩人就勢成水火，終於接二連三衝突起來。

第一次衝突起於 1847 年 4 月 20 日，當日有一宗海盜案排期開審，按察司曉吾表示他另有刑事案要審，聲明不能出庭，戴維斯於是親自主審此案。不料審訊中，曉吾突然出庭，要親自主審此案，戴維斯當庭直斥其非，說他事前既聲明另審他案，不應又突然而來。但曉吾的按察司身分，有權審理一切案件，反斥戴維斯不識大禮。兩人就口角起來。

這件事明明是曉吾存心令戴維斯下不了台，故此事後，戴維斯認為曉吾在香港，實在對自己諸多妨礙，因此他向英倫提出彈劾曉吾，說他身為按察司，經常酗酒誤事。

他彈劾曉吾，舉出三件事實：一、1845 年在軍艦亞珍葛號的會宴中，犯酗酒行為；二、1846 年 7 月，在德忌笠將軍府的宴席上酗酒；三、嗜酒性成，以致忘記出庭審案，這一項，是暗示 1847 年 4 月 20 日出席審海盜案，與戴維斯口角之事。英國接到他的彈劾曉吾的文書，認為應由行政委員會審查港督的彈劾是否屬實，因此致函行政委員會，叫行政委員會審查這件彈劾案。

行政委員會各委員，對戴維斯都不好感，因為在戴維斯彈劾曉吾之前，在華英商又鬧過一件事，有三名英國人在黃竹岐被殺，戴維斯對於這件事處理得未符合他們的要求。故此在審查時，竟宣佈事無佐證，說戴維斯誣告。

黃竹岐是廣州郊外的一條鄉村，地近珠江岸邊。這件黃竹岐案，梁廷枏的《夷氛聞記》說得頗詳細，可引錄出來以徵信實：

（道光）二十七年（1847）夏月，英商駛舟至黃竹岐村，村在城西上游，去城頗遠，有密林在村外。夷相率竟入其柵，婦女見而謔，夷不知避，反舉槍以擊人。頃刻間，村眾畢集，鳴鑼，將遞傳鄰近諸村來護。夷益暴躁，狀兇猛，眾一時憤激，殺三夷，舁屍沉村外巨河，下石壓之而掩其跡。其艇急駛還，以事報夷眾。領事請耆英緝兇備抵，聲言召香港守兵入，火其村。語多不遜。耆英會其巡捕黃者華，會南海令張繼鄒，募漁人入淵起獲夷屍。夷眾愈以被戕有據，多端迫挾，索多兇請交夷館訊辦。時恩彤得罪，鐫巡撫職，徐廣縉新至，慨然謂殺人償命，縛三人出，請王命於犯事之地正法。夷猶悻悻不服，照會耆英，以彼國商人不能不出遊。倘他村亦復如是，將何以處？

這就是黃竹岐案的情形。當時英商對於徐廣縉用一命一抵的方法處理，仍表不滿。

其實戴維斯是知道鬧事被殺的三人，完全是上岸打獵，走到黃竹岐村邊的樹林射擊鳥雀，鄉人誤會他們來侵犯，加上言語不通，就闖下大禍。事後既然緝兇正法，同時廣州紳商亦保證以後不再有同類事件發生，而且寫了告示，在所有珠江沿岸各村張貼，告示有如下之句："此後諸村落遇夷人至村口，彼不犯民但止放槍捕鳥，父老當各約束子弟，勿令出與見面，聽其自來自去。"算是交代清楚，而且合理解決。

按照文明世界通例，凡鄉村範圍內都不得狩獵，鄉人如此讓步，英商應該心滿意足。但是他們對戴維斯有成見，而行政委員大部分是同情英商的，是以在審查彈劾曉吾一案時，指曉吾酗酒沒有證據，指戴維斯誣告。

不過，倫敦方面仍是了解戴維斯在執行英國政策，故此到了 11 月，授權給戴維斯，革去曉吾的職務。11 月 30 日，他以香港政府名義，發出佈告如下：

現奉理藩院（殖民地部）令開：香港高等法院正按察司曉吾，即予免職，遺缺由總督暫委甘比爾署理，仍候英廷覆示批准。此令。

曉吾終於鬥不過戴維斯。但是英國商人為了給點顏色戴維斯看，特地組織一個隆重而盛大的歡送大會，不少在上海的英商也趕來參加，並且叫那些華人買辦也參加歡送。

當時英商以香港全體居民的名義，開盛大歡送曉吾返國大會，儀式之隆重，比歡迎港督蒞任有過而無不及。疊放爆竹煙花，中西人士夾道歡呼相送，這一切無非是給戴維斯看。

到戴維斯於 1848 年任滿返國時，英商又聯合抵制他，使他離任之時，冷冷清清，與曉吾離港時成強烈的對照。同年，曉吾又重返香港任按察司了。

"核突" 的爹核士街

這些事實，事後為很多寫香港早期名人傳記的歷史學者，以及寫香港掌故的作者，都把戴維斯說成是"最不受歡迎的港督"。也是正因如此，所以在西環開闢街道時，那些翻譯在將以戴維斯命名的街道，故意譯成一個"核突"的中文名字，稱爹核士街。

爹核士街本來是一條很短的小街道，它是卑路乍街的一條橫街，最初只得近山邊的一段街道，後來電車路軌延到堅尼地城去時，這條街道才延長，成為電車從吉席街轉入卑路乍街迴旋之處。到爾後填海，堅尼地城開闢了新海旁道，爹核士街再度延長，伸展到海旁去。

堅尼地城雖然發展得很遲，但這個地區，在開埠初期即有道路，因為該處山上在 1844 年已建有炮台，炮台由卑路乍將軍所建，故名卑路乍炮台。他是英軍登陸香港時的將領之一，卑路乍街就是通往炮台的街道，該街命名為卑路乍街，因它是到炮台去的街道之故。

必列者士街其人其事

英國律師自封進士

上環荷李活道有條古老的街道，名叫必列者士街，這條街道是在著名的文武廟後面，街上主要的建築物是青年會。當年魯迅先生來港，正是在必列者士街的青年會內演說的。可見這條街道的歷史悠久了。

"必列者士"四字，一望而知是音譯，但不容易知道這是一個人名的音譯。必列者士的全名是 W. T. Bridges，他是香港早期的一位知名人物，也是早期香港法律界的一位名流。

必列者士約於 1850 年左右來港執業大律師，他在大道中租了一間辦事處，門外掛上一個中國字的大招牌，寫著"必列者士進士事務所"。他自封為進士，原因是他本來是一位法學博士，但他不知中國古代已有"博士"的專名，他以為英國的博士地位，相等於當時中國的進士，於是就把自己封為進士。

他在香港執業大律師期間，不斷學習廣州話，又研習中文，是以頗受當時住在香港的華人歡迎，很多華人都願意委託他辦理些法律上的事務。但他的成名，是由一件當時轟動全港的毒麵包案而起。那件毒品麵包案，就是著名的裕盛辦館麵包下毒案，那是發生於 1857 年 1 月 15 日的事，當時裕盛辦館是負責製造麵包，供應全港西人的，當天有三四百西人食了麵包後中毒。

裕盛辦館麵包下毒案

當時港督府的麵包也是由裕盛辦館供應的，故此港督寶靈的夫人也中毒，其他很多知名人士也同時中毒，包括很多海軍軍官、西商會中的洋行大班，其中也有西報的總編輯和記者，例如當時一份名《中國之友》的西報總編輯威廉德倫，也是中毒者之一。

如此多的西人中毒，自然轟動一時，認為是一種有計劃的行為，目的是要毒死全港的西人。原來，當時正值在第二次鴉片戰爭期間，英法聯軍攻入廣州，焚燒掠殺，故西人認為這是中國人一種報復行動，要求立即法辦裕盛辦館的所有工作人員。當日警方立即出去，將裕盛辦館包圍，把裏邊四十多人全數拘捕，卻發現東主張亞霖不在店內，於是以為張亞霖是主謀人，他定是畏罪潛逃了。

後來才知張亞霖帶同妻子和兩個兒女返鄉過年，因為當時已是農曆的歲暮。張亞霖是香山人，他是乘早上開行的皇后號船往澳門，準備從澳門返鄉。因此軍方立即派軍艦往澳門，希望截到皇后號，把張亞霖拘捕。

英國軍艦來到澳門，才知張亞霖一家也吃了他自己製造的麵包，因而也中毒入院留醫，不過洗胃嘔吐之後就無大礙，於是將張亞霖拘捕歸案，張亞霖被控下毒謀殺，他便聘必列者士為辯護律師。

當時聘請大律師，也要由律師轉聘的，裕盛辦館東主先聘嘉士基爾及德蘭西律師，再轉聘必列者士大律師辯護。當然，東主張亞霖是要付出一筆頗大的律師費。

先說那令到四百西人中毒的毒麵包。當時經本港的化驗師驗明麵包上的確有砒霜在內，而且砒霜的份量極多。原來砒毒足以殺人，但又不能殺人，過多的砒毒進入胃內，不但不能殺人，反而有清洗胃部作用。當時包括港督夫人在內的四百西人，並未中毒而死。原因是麵包內的砒毒太多，使吃了麵包的人立即嘔吐，將麵包和砒毒全數嘔出。是以第二天就能出院，而且每個人的胃口非常好，並無不良反應。

張亞霖一家也曾吃過毒麵包，在澳門入院治療，他們也是嘔吐後就能出院，證實砒毒過多不能殺人的說法。

必列者士就是使用這種資料為張亞霖辯護。在開審之日，他在法庭上力斥控方的指控不成立，因為控方控張亞霖下毒企圖殺死四百西人，但張亞霖全家也吃過這種毒麵包，如果是他下毒，他何以也中毒？再其次，下砒毒殺人，應該認識該毒品的性質，為什麼不下適量的毒呢？顯然，麵包裏的砒毒，並非由裕盛辦館內任何人所下，它是來自不能預測的來源。

必列者士大律師的辯才確屬不凡，控方問他什麼叫砒毒來自不可預測的來源，難道是天跌下砒霜到麵包去麼？這簡直是狡辯！

但必列者士的辭鋒很銳，他問主控是不是連麵包用什麼原料製造都不知道？麵包是用麵粉製成的，麵粉是由張亞霖向麵粉商買來的，麵粉商的麵粉是向洋行訂購的，麵粉是由英國用輪船載來的，麵粉是由麥製成的，在這許多環節當中，任何一個環節都可使麵粉染上砒毒，但現在無法證實在哪一個環節中染毒，這就是砒毒來自不可預測的來源中！

他又假定運載麵粉的輪船，其中也運載醫藥原料和工業原料，只要其中有砒毒與麵粉同船，就會將砒毒染污其中一包麵粉，所以不能證明張亞霖下毒，毒是在不知為何的情況下滲入麵粉中，因此就製成了有毒的麵包。

這一場毒麵包案的官司，於 1857 年 2 月 2 日開審，共審四天，至 2 月 5 日判結。當任按察司曉吾，當時也是吃過毒麵包的人，一般以為他會判張亞霖有罪，但陪審團終以五對一之多數，判定各被告人無罪釋放。按察司曉吾，亦不以身受害而有所偏袒，亦宣判各人無罪。必列者士打贏了這一場官司，備受華人社會讚揚，他這一位 "進士" 的社會地位也提高了許多。

張亞霖被遞解出境

必列者士在這一場官司中所得的報酬多少，沒有人知道，但是可從辦理此案的事前事後若干材料中，可知所收的費用實在不少。

當張亞霖被捕之時，警方封閉裕盛辦館之後，必列者士曾向高等法院請求將被警方保管之張亞霖名下的現金撥作辯護律師之費用。但是，張亞霖的辦館曾向洋商賒入不少貨物，亦曾向若干西商借款周轉，裕盛辦館被封後，這些洋商成立債權人，要求警方勿將保管的金錢挪作別用，所以必列者士的請求，為債權人反對。

但高等法院仍准提撥一部分作為辯護費用，數目多少則沒有公佈，當張亞霖獲無罪釋放時，由於辯護費用還未完全付清，於是必列者士也就成為債權人之一。當時，債權人聯名致函港督，要求張亞霖須待清理債務，方可釋放。債權人共十四名，其中一人是必列者士。可見張亞霖所付出的訟費是何等之鉅了。

必列者士因這件訟案而成名。當年 5 月間，輔政司返英度假，他介紹必列者士擔任輔政司一職，港督寶靈亦表示同意。他既是毒麵包案的辯護律師，也是輔政司，因此在張亞霖將財產清了盤之後，他就向港督寶靈提議，將張亞霖驅逐出境。寶靈以這件案關係重大，自己不敢做主，要先請求英倫，才敢採取任何行動。

當張亞霖等候英倫訓令決定他的命運時，卻有一人循民事訴訟途徑控告張亞霖賠償個人損失。這個人就是《中國之友》的總編輯威廉德倫。原來威廉德倫當日曾吃過毒麵包，他要求法庭判決張亞霖賠償他的個人損失。顯然，威廉德倫是不滿意法庭對毒麵包案的判決才以私人資格起訴張亞霖的。

必列者士當時雖然是輔政司，但仍是執業律師，張亞霖既然聘他為毒麵包案辯護，這次自然也請必列者士代為辯護。但這一次必列者士無法勝訴，法庭判張亞霖需要賠償一千零一十元給威廉德倫。

可是張亞霖當時已經破了產，而且又在羈留中，那裏還有錢賠給威廉德倫呢？但是，由於毒麵包案張亞霖是無罪的，他被羈留只是等待英倫的訓令，如今既經民事判決敗訴，依照法例，他要離開刑事羈留所，而改為扣押於民事羈留所內。查當日縛押於民事羈留所時，是 6 月 23 日，一共扣押了 21 天，到了 7 月 14 日，英倫給港督的訓令已經寄到香港來。

英倫的訓令是要將張亞霖放逐出境，但放逐時要他具保一千英鎊，保證五年內不得回港。港督和必列者士商量如何執行這一命令，因為張亞霖當時在民事羈留所內，不是在刑事羈留所內。

按照慣例，循民事起訴的犯人，他在民事羈留所內被扣押，如要釋放，必須民事原訴人同意不再追究賠償，才能放人。否則，就要有人代他繳納一千零一十元賠償費，方能釋放。

必列者士起初亦感到為難，但是後來調查，發現張亞霖被扣於民事覊留所已 21 日，在這 21 日中，威廉德倫並未向法庭領取報告狀。在法律程序來說，等於威廉德倫未要求張亞霖照法庭所判的賠償給他，因此必列者士要求法庭將張亞霖還押刑事覊留所內。

法庭亦只能依法批准。就這樣，港督才有權將張亞霖放逐出境。張亞霖簽保了一千英鎊，保證五年內不回港，就乘船到西貢去。

必列者士與威廉德倫的誹謗案

張亞霖離港之後，《中國之友》這份西報開始向必列者士發炮攻擊，由 1857 年 7 月 25 日至 8 月 5 日，連續刊登攻擊必列者士的文章，指責張亞霖被放走，完全是必列者士的陰謀，指他當時是張的辯護律師，替張洗罪，現在又利用身為輔政司的權力，放走了他。

必列者士要求威廉德倫登報道歉，因為《中國之友》的總編輯是他。事實上，這件事是由於威廉德倫以為循民事訴訟已把張亞霖扣押在民事覊留所，他的目的旨在報復毒麵包一事，卻未知因為沒有申請執行狀，而給張一線生機。因此遷怒於必列者士，著文攻擊。

威廉德倫不肯道歉，於是必列者士就告他一狀，控他誹謗名譽。結果，威廉德倫罪名成立，罰款一百鎊，並負擔全部堂費，罰金未繳納前，監禁候繳罰款。這是香港報人入獄第一人，也是因名譽誹謗案入獄的第一人。

　　當時一百鎊的罰款是相當重的，加上訟費，數目相當大，威廉德倫無法繳納，由 8 月開始監禁，直到 11 月，才由各方好友籌足款項繳付，然後出獄。但已飽嘗三個月的鐵窗風味了。

　　這是必列者士在香港最轟動一時的事跡，他後來卸任輔政司，仍然以 "進士" 的銜頭執業律師，直到老年，才退休返英。

　　必列者士街就是以他的名字命名，相信這是因為他曾任輔政司之故。早期香港街道命名，除以港督名字命名外，輔政司的名字，也是街道命名的資料之一。不過，當必列者士街開闢為街道時，他已退休返國了。

"卅間" 的由來

　　必列者士街闢為街道的時候，約在 1868 至 1870 年之間，這條街道最初開發的地方，是近城隍街和士丹頓街之間這一段路。

荷李活道與鴨巴甸街交界的警察宿舍[5]，向山的一邊圍牆，正是面對必列者士街。這地方二戰後是小販擺賣蔬菜雜貨之地，即是最初開發的該街道的區域，當時共建了民房三十間。因此俗稱該地為"卅間"。

今日上環居民仍有把必列者士街近士丹頓街的地方稱為"卅間"的，這古老的稱謂，說明了該街建成時，只有三十間房屋。

這古老的三十間房屋，在第二次世界大戰時全毀。當時日軍攻陷了九龍，發炮向香港轟擊，炮彈落在該處，使大部分的古老房屋變成廢墟。戰後在重建該處時，已不復是三十間房屋那樣了。

"青年會"——香港華人青年思想啟蒙之地

至於必列者士街主要的建築物"青年會"，即當年魯迅先生來港時演講的地方，是在 1913 年建成的。

考中華基督教青年會是 1901 年創辦的，成立初，僅有會員 37 名，會址是在德輔道中，租用一層樓宇作為集會之用。由於各創會成員努力推廣會務，社會人士對該會漸有認識，到 1909 年，會員已增加三十多倍，達一千餘人。就在那年開始發動籌建會址運動，

5　編者註：即前荷李活道已婚警察宿舍，現已活化改建成"元創方"（PMQ）。

除了本港各會員慷慨捐款外，又得英美及澳洲方面的教會人士支持，籌得六萬二千元，就向港府申請了必列者士街的一幅地皮，興建紅牆式的會址。到 1913 年落成，於 3 月 1 日宣佈開幕。於是該會就成為香港在二十世紀初期唯一的青年康樂活動中心，因為該會有球場，也有音樂演奏廳，也有劇場。在大會堂還未開放給中國青年使用的當時，這所青年會實際上是香港青年的康樂活動中心。

必列者士街的青年會，實際上是華人青年的活動中心，故魯迅先生於 1927 年 2 月 16 日來港演講，也在該處的演講廳上進行。那篇《無聲的中國》的聲音，曾哄動了半條必列者士街。這是該街建成街道以來的第一件盛事。

另一件有關該街道的盛事，是香港第一次集團結婚的盛舉。1935 年，許地山先生來港任教於香港大學，他當時也是青年會的智育委員之一，他聯合一群社會知名人士，發表宣言，略謂港人對於婚嫁，每因種種關係，浪費不少金錢，若用集團方式舉行婚禮，儀式既隆重，但又能節省金錢。宣言發表後，反應非常熱烈，立即就有十六對新人報名。後經審核，發現其中不符資格者凡五對，故此第一屆集團結婚，只得十一對新人參加婚禮。

集團結婚於 1936 年 2 月 15 日在青年會舉行，由周壽臣為證婚人，並獲婚姻註冊署認許為合法婚姻。

當日必列者士街人山人海，爭看十一對新人的豐采，極一時之盛。

抗戰時期，青年會成為救國運動的活動中心。很多全國知名的愛國音樂家，都曾經到必列者士街的青年會去演唱抗戰歌曲。戲劇界也在該處演出話劇，畫家也在該處舉行畫展。青年們在一段很長的日子裏，都圍繞著這條街道，這是因為街上有座青年會之故。

蘇杭街與乍畏將軍

乍畏街變蘇杭街

第二次世界大戰後，中環的乍畏街，換上新的路牌，把舊路牌上的中文名字"乍畏"二字，換上"蘇杭"兩字。雖然英文仍是 Jervois，但已經非常受街坊讚揚。原來"乍畏"二字十分難記，如果不是用書寫的方法告訴親友，只用口頭語說出來，實在無法寫得出"乍畏"這兩個字。因此自古以來，香港街坊都不叫這條街為乍畏街，卻名之為蘇杭街，以利於傳述。

香港有不少街道名稱，令初到香港的人難以記憶，因為那些街道名稱多取自英譯，而譯音又沒有常規，譯字又極其怪異，有時聽起來令你無法憑字音寫出正確的文字來。但如果對街道的掌故知道多一點，是會增加對街道名稱的印象，別人提起某一街名時，會立即知道該街道的來歷，及知道它在什麼地區。

乍畏街的英文 Jervois，是一個英國人的名字，他是一位將軍。1852 年時，由於當時總督佐治般咸返英度假，乍畏將軍被任為代理港督。原來香港開埠之初，並不如現在一樣，總督出外旅行，指定由輔政司任代理港督的。當時的習慣，代理總督一職多由駐港英軍司令擔任。乍畏將軍在當時擔任這個職務。

英軍開小差風潮

　　乍畏將軍任香港代理總督期內，香港方面的英軍出現過一次開小差風潮，現在聽起來似乎不易叫人相信。因為後來的英軍，最喜歡調來香港。

　　但是在 1852 年時，英軍提起到香港來駐守，都感到非常恐怖。原來，香港開埠之初，衛生設備不足，英軍分駐東西兩處營地，西營地就在西營盤醫院 [6] 所在的山上，東營地則在跑馬地黃泥涌的山上。這兩個營地最多蟲蚊，初期英軍染惡性瘧疾死亡的很多，是以英軍在當年視香港為“死亡谷”，提起調來香港便駭怕，因此時有逃兵私自逃離軍營的事發生。1852 年駐港英軍的軍營衛生雖已改善，但是仍然時有染病死亡。加上很多以前開小差逃亡的英軍，在幾年間到南洋各地，或到中國北方去都發了不少財，在駐港英軍內形成一股誘惑力，使駐港英軍逃兵大增。

　　據史料所載，當年由 1 月至 5 月，駐港英軍逃離香港被捕回者達二十多宗，其中 4 月 15 日，由於英軍到時不返軍營的人數甚多，於是乍畏將軍下令在全港各區搜查，在華人旅店和附設宿舍的西人酒吧內搜出不少開小差的英軍。因此乍畏將軍認為事態嚴重，

6　編者註：西營盤醫院，即現時位於西營盤皇后大道西的西營盤賽馬會分科診療所。以往被稱為國家醫院。

認為英軍的逃亡，如果沒有外人協助，是很難逃出這個孤島的，他要立例嚴禁。乍畏將軍當時既是代理港督，又是英軍司令，在軍法上他有權嚴辦逃兵，但在民法上他沒有權嚴辦那些包庇逃兵的人。因此他向立法局提出《私逃役條例》，要求通過施行。該條例最終於 1852 年 5 月 18 日通過施行。

法例規定凡直接或間接教唆海軍或陸軍甚至海員逃離職守者，得科一千元以下罰款。

同時又規定凡收藏及明知其為逃兵而協助其逃走，或知而不報，都屬有罪。

此外又定下獎勵舉報的辦法，凡向政府通風報訊者，於判案之時，得將所判罰款的一半，撥給舉報的人，作為賞金。

凡旅館、公寓、酒吧等收容逃兵，除科罰款外，可吊銷其營業牌照，並且永遠不許其領取上述各項牌照。如案情嚴重，可直交高等法院以嚴重刑事案起訴。

另一方面，乍畏將軍也知道駐港英軍逃脫兵役的原因之一，是英軍不滿當時的居住環境以及生活枯燥，是以一面立例嚴禁，一面改善軍營。當時美利兵營已著手興建，他主張建成永久性兵房改善英軍生活。乍畏將軍在香港的功績，主要是改善英軍的居住環境，阻止了英軍外逃潮的擴大。

填海得來的街道

　　蘇杭街從前是海灘，街坊們現在行經該處，應該發覺到威靈頓街口與大道中交界處的地勢高出蘇杭街的十呎左右，現在的蘇杭街口仍是斜坡。地形已說明了當時該處是海灘。

　　1852年該處正進行全港首次的填海工程，將蘇杭街、永樂街一帶的海灘填平。十年後該處建屋，因此便將該處一條街道，用乍畏將軍的名字命名，作為紀念他改善駐港英軍居住環境的功績。

　　乍畏街建成屋宇之後，當時英國已取得五口通商之利，香港成為華洋百貨的轉口商港，外國貨從香港轉口入中國內地，中國內地的貨物亦經香港運往南洋及外洋去。乍畏街當時是一條最接近本港商業中心區大道中的街道，因此經營從北方運來的蘇杭百貨的店舖，都集中在乍畏街上開設。

　　"乍畏"兩個字很難讀出正確的語音，有人讀"乍威"，亦有人讀"炸威"，而且"乍"字不祥，因此香港人多不叫它原名，以其街上多蘇杭貨店，於是就叫它為蘇杭街，一直沿用至今。現在街上已很少蘇杭貨店了，但當局更換中文路牌，顯得很隨和。

德輔道的變遷

寶靈的第一次填海計劃

德輔道是港島主要的道路，這條路由中區的中國銀行正門起，一直通到上環的摩利臣街，這一段路稱為德輔道中。又從上環永樂街起，通至石塘咀止，這一段名為德輔道西。德輔道中和德輔道西並不相連，中間被一系列的民房間斷，這大段的民房構成幾條街道。把德輔道中直接間斷的是一條長狹的小巷，稱為安泰街，此外就是東來里和永樂街西段和文咸西街。文咸西街的西段街口，才和德輔道西連接。從德輔道中和德輔道西不相連接，便知道這條德輔道並非在同一時期有計劃地開闢而成，它留下了時代的烙印。

先談德輔道的命名，它是用本港第十任港督威廉德輔爵士之名命名的。威廉德輔爵士全名為 Sir William Des Vœux。德輔是取 Des 第一音，和 Vœux 的第一音譯成，是一種較進步的譯名法。

德輔道最初並非名為德輔道，而是叫"寶靈海旁道"，因為這一條馬路從前是海岸線，德輔道只得現時的一半那樣闊，現時的電車路軌的北面，就是海，建成這半邊的馬路之時，距德輔來任凡三十年。它原名寶靈海旁道是有原因的，因寶靈是本港第四任港督，而且是他首先採用填海取地的方法，將港島市區向海面伸展。換句話說，現時德輔道南邊的土地，是由寶靈任內填海而得來的，因此把填海而成的半條馬路稱為寶靈海旁道。

寶靈就是發動第二次鴉片戰爭的港督，在中國文書上，他的中文名字叫"包令"，全名是約翰寶靈（Sir John Bowring），於 1854 年 4 月 13 日抵港履新。他來到香港之後，發現香港地狹人多，認為應該填海得地，因此成立一個填海委員會。當時總檢察官安士迪是主要的委員之一，由他報告寶靈的填海計劃。

寶靈的填海計劃是從皇后大道中填海至德輔道中，但他的計劃遭受當時的"海權商人"反對。所謂"海權商人"，實際上是洋行西商。原來，本港開埠之初，第一批拍賣的土地是由義律主持拍賣的，在拍賣土地之時，對於近海邊的土地開價特別貴，原因是給予這些近海邊的土地以"海權"，即准許地主在海岸線上建築碼頭。香港是個海港，有碼頭可上落貨，直接運進洋行內，故有"海權"的土地特別貴。本港開埠之初，海岸線在皇后大道上，皇后大道有很多碼頭。寶靈要將皇后大道的海岸線填出到德輔道去，即等於取消了這些洋行的"海權"，他們沒有碼頭就近起落貨物，故提出反對。但寶靈和填海委員會的安士迪一意孤行，他們先將沒有人反對的地段填海，這地段就是皇后大道中近威靈頓街口對開的海灘，這一帶便是現時的永樂街、乍畏街和南北行街，因該處本是海灘，潮退時滿是泥漿和沙石，他先填成了這一段海面。

寶靈暫時不把中環一帶的皇后大道中填至現時的德輔道中，是聽候英國方面的指示。因為西商反對的理由是他們應得的“海權”因填海而喪失，違背最初投得官地時規定的權益。西商告到英倫去。那時文書來往要經過長久的時日，為免阻礙填海工程進行，故先選擇沒有業主的海邊填海。當時除先填平永樂街和南北行一帶的海灘外，並在灣仔黃泥涌口填海，這一帶即今日的鵝頸橋附近。當時跑馬地的一條小河經跑馬場中央流出海面，填海委員會將黃泥涌這條小河兩岸加高，把河的兩岸填平，使和灣仔海旁的莊士敦道成一直線，該處填海得地之後，曾有一個時期，被稱為“寶靈城”。到了 1857 年，英國殖民地部（舊稱理藩院）有訓令給寶靈，原則上贊成寶靈的填海計劃，因為香港平地太少，全部是山地，靠開山取地不是辦法，開山之後的山石和山泥，與其運往別處傾倒，不如用來填海。這是最符合經濟原則的辦法，因此支持寶靈的填海計劃。由於填海取地，已成為今後香港發展的必然趨勢，因此英國殖民地部建議應公平對待已投得“海權”的業主，他們因填海而喪失“海權”，可用兩種方法加以補救，其一為給予賠償，另一為給予優先投得填海之後的海權的地段，只有用這兩種方法應付，才算公允。英國授權寶靈依此原則去應付反對填海的西商。

　　寶靈將殖民地部的訓示，刊於《政府公報》上，該訓示的譯文見於馬沆〈填海拓地之回溯〉一文，特抄錄於後：

　　一八五七年英理藩院訓示來港，以填築海地，對原有地權之業戶權益，在法理及道義上應予以維持。略謂依英國法律解釋，凡填築海地，不論為人工填築或天然積成，其地應為政府所有。事實上絕無疑義。故政府有自由處置之權，與處置政府所有其他官地同。但原有海地段業戶，因他人填築海地被剝奪其近海權益，原有地價遂至低跌，直接受此損失。故在政府之措施，政府地權固應保持，然在道義上及公共利益計，對於海地段原有業權亦須兼顧維持，殊不失法理之平。其唯一善法，應由政府及各關係業主共同組織評價委員會，必要時得併召同陪審員參加，秉公評定地價的彌補業戶損失。或將新填之地公開拍賣，准各該業戶有優先承購權，或將拍賣最高所得之值，除在所評定者著令繳價承受，如不承受，則以評定所得之價償給各該業戶。至於詳細辦法，應由當地政府斟酌情形辦理可也。

　　寶靈接到訓示，便開始填海，將皇后大道中的海邊，填到德輔道中去。1857 年的填海技術是非常原始的，先用大塊的亂石，在海岸線上築一條石堤，將海水攔截，然後在岸邊傾倒泥頭，一直填開去。

這條海堤從花園道口築起，一直伸展到上環的摩利臣街，和已填築好的地段連接。填築的時候，中間爆發了第二次鴉片戰爭的"亞羅號事件"，這事件曾影響短期的工程。後來因為英法聯軍攻入廣州，在廣州成立了一個傀儡政權，局勢較為穩定，而英法聯軍繼續攻入北京，更導致很多官僚地主把資財帶來香港，大量的農村破產者來港出賣賤價的勞力，使香港需求土地更加迫切，所以填海工程可說是順利完成。這條海旁的新填的馬路，就名"寶靈海旁道"，它是德輔道的前身。

原本擁有皇后大道海邊海權的業主，以洋行和輪船公司為主，怡和洋行本有東區海旁的碼頭和倉庫，俗稱為"渣甸倉"，但這碼頭倉庫離中區極遠，故怡和洋行中區亦有一海權地段。另一間鐵行輪船公司也有海權地段，還有一間雪廠公司也有海權地段在雪廠街口，這些公司均需要近海碼頭，故在填海工程完成時，他們有優先權投得以德輔道為海旁的地段，把舊的公司建於新地段之上。

其餘獲海權的業戶，實際上未有充分使用海權，他們所提出的權益只是原建築物可以望見海景，可以吹海風，實際所得的海權利益是很少的，他們沒有以高價的優先權承投填海的海旁地段，甚至有些業主不肯將舊地交回政府換新地段，原因是新地段商業還未繁榮。

在 1860 年左右，本港商業中心區仍在皇后大道中，新填成的"寶靈海旁道"除了幾間洋行和輪船公司之外，各處地段都是空地，毫無商業價值，故很多業主都自願放棄海權利益而仍然保留在皇后大道中的業權。

由於寶靈填海是分兩期進行，第一期是將上環以水坑口對開的海灘至威靈頓街對開的海灘填平，因此上環填海區便伸出於寶靈海旁道的海岸線之外，造成一個突出的"海角"，這就是現時的德輔道中不能和德輔道西連貫起來的原因。這突出的"海角"，在填海工程完成之後，即開始有人購買官地建屋，在該處建成了文咸東西街和永樂街，把這一個"海角"地帶建成了街道，到三十多年後再填海時，把"寶靈海旁道"擴闊成德輔道時，就無法拆去那些屋宇把馬路連接，只好讓它中斷下去。

德輔的第二次填海計劃

"寶靈海旁道"約有三十多年的歷史，它後來改稱為德輔道，是因為德輔任港督期內，作第二次大填海計劃而起的。

德輔爵士是在 1887 年 10 月抵港履新的，在他未任港督之前，香港有差不多約兩年的時間沒有正式的港督，而只有署理港督。這兩年時間，是 1885 年 12

月至 1887 年 7 月。德輔前一任的港督為寶雲，寶雲任港督只得兩年半，他於 1885 年 12 月即退休返英。

將 "寶靈海旁道" 填成德輔道的計劃，其實是在德輔未上任之前就開始計劃的了。當時是 1886 年，是上任港督寶雲爵士返英之後，由威廉馬殊（William Marsh）任署理總督之時，他於是年四月，接到殖民地部訓令，要切實執行《柴維克報告書》的一切。因此他委任一個委員會調查港島人口稠密之區的土地管理及衛生情況，這個委員會由五人組成，大律師何啟是其中成員之一，另四人為正按察司佐治費立浦、署理總檢察官愛克雷特、總測量官白禮士及西商太平紳士麥伊雲。

原來自 1857 年填成了永樂街及文咸街一帶，1862 年填好了 "寶靈海旁道" 之後，約十年之間，這些新填成的地區，已由華人投得官地而建成很多中國式屋宇。只十多年間，所有的新填地都是密麻麻的磚屋。在中環，最具代表性的屋宇，就是由皇后大道中通往 "寶靈海旁道" 的中國街的樓宇。這條街道的西邊屋宇均三層高，街的闊度只五英呎，是用長方形的石板砌成，街的中心處低陷下去，作為下水道之用，兩旁的屋宇的污水，由瓦通充作水渠，流到屋前路心的小溝去，這條小溝，將污水流出 "寶靈海旁道" 的海邊。這樣簡陋的下水道、狹窄的街道，以及古式的中國村屋，其衛生環境自然是很差的。要增加土地及建築合規格的樓宇，才能改善不合衛生的環境。因此，港府組成一個五人委員會研究情況。

促成署理港督威廉馬殊組委員會調查土地與衛生情況的，是《柴維克報告書》。柴維克是英國皇家工程師，他於 1881 年奉殖民地大臣金巴利爵士之命，來港調查香港的一般情況。柴維克在港調查了差不多一年，於 1882 年完成一份報告書，報告書一開始即提出警告，謂香港的華人住宅區的衛生情況極差，如不立即改善，即會發生疫症。因為華人屋宇並無通風設備，一層樓住上三十多人，街道的下水道亦缺乏城市規格，完全是鄉村式的，這種鄉村式的下水道，只能給人口少的小鄉村疏導污水，人口如此稠密，這種只靠門外一條狹窄的小溝疏導污水，只會做成臭濁，滋生蛀蟲，傳染細菌，一旦有傳染病的話，就不堪設想。

《柴維克報告書》並非完全針對華人樓宇，他也指出政府未作有系統的城市環境設計，例如全港並無有系統的下水道，對於自來水供應亦不足，很多人仍飲用井水及山水，公共廁所仍是用旱廁，臭氣薰天，蒼蠅滿天飛。香港又缺乏公眾洗澡的地方，又缺乏空地給市民呼吸新鮮空氣。報告書要求全面改善，而改善這些設備和環境，非有充足的土地不可。因此威廉馬殊組織這個委員會，研究如何去實行柴維克的建議。這個委員會認為，如果要改善居住環境，必須填海得地，因填海時，可在新填海區建成下水道網，連接其他下水道。

　　1887 年 4 月 14 日，調查委員會擬就計劃，建議政府先行制定城市的詳細地圖。一方面將在市區的軍隊營房及海陸軍官邸遷出市中心區，將兵房軍營的地皮出售，讓華人在該處建築新型的樓宇，才能改善他們的居住環境；一方面填海得地，有了更多的土地，才能談得上限制華人樓宇。這份報告書又為當時的西人所反對。因為，當時香港的居住環境十分特殊，香港開埠之初到 1860 年，華人住宅區和西人住宅區分隔得很嚴格，其分隔線就是今日中環街市側的域多利皇后街。這條街取的名為 "域多利皇后街"，實際上因為此街是 "維多利亞皇后城" 的分界線。在此線之東，則為西人住宅區及洋行的集中地，稱為 "維多利亞皇后城"。此界線以西，則為華人住宅及商業區。維多利亞皇后城地區邊界之地區，則為軍營的海陸軍機構所在地，當時陸軍司令的官邸在德忌笠街上，德忌笠街、士丹利街及威靈頓街一部分，均為海陸軍軍營所在，軍營的邊界為今日之石板街。因此在城市設計方面，含有 "種族隔離" 成分，英國人在來港之前，曾到處擴張勢力，在非洲、南洋等地殖民時，早已對該地的原居民歧視，認為原居民不濟、不衛生，非我族類，已採取 "種族隔離" 的方法，限制當地原居民不能住於西人居住的區域內。來到香港，也是一樣。

　　由於當時西人認為華人不潔，故極恐懼華人將住宅區向東移，影響他們清潔的衛生環境。看見華人住宅區不斷向東移，就更為恐懼，當寶靈填海之後，那些新填的地皮，迅即全部被華人投得而建成永樂街、乍畏街，及伸展到維多利亞城邊緣時，他們就更加害怕。

由於軍隊的營房設於石板街邊緣，華人樓宇亦擴充到邊界去，且已超過域多利皇后街而到邊界之中國街上，是以到了 1881 年，維多利亞城的分界線，實際上已移到石板街邊緣。在這條街的西邊，一處由寶靈新填地的地皮，建了很多中國式樓宇，故這條街名"中國街"，此街之命名，亦含有中國人住宅區至此為止的作用，即不能西向東移了。

香港能夠發展成為一個大商埠，執政者是知道全靠華人到來投資，全靠華人移居香港所造成。因為生產之要素是資金、人力和土地，資金和人力不斷注入，政府就要供應土地，本港土地政策是高價者得，在開投土地時，華人投得土地就建屋供發展之用，故華人樓宇向東移，是無可避免的事。當時調查委員會看到這一點，故主張將軍營遷往別處，把土地供建築樓宇之用，把西面的稠密的人口減少，改善他們的居住環境。住在維多利亞城內的西人便大起恐慌，反對這一計劃，認為華人向東移，會"污染"他們的環境，故提出反對。

我們現在到中環去看看，當會發現，自雲咸街起向東伸展的一大片皇后大道中，卻是清一色的洋行區和銀行區，其中雪廠街以東，就是銀行區，這就是當時當局為了遷就西人的意見，而加以保留該處屬西人區域的證明。而由西商發起組織的置地公司，亦為保持這一西人觀點而買下該地區的土地，當填海工程完成時，拍賣土地的時候，置地公司亦集中力量，投得雲咸街以東的地段，今日的"置地廣場"，正是在文咸街以東。這是歷史留下來的"腳印"。軍營從德忌笠街一帶遷往花園道的山岡上，這就是"美利兵房"，空出來的土地，全部由華人以高價投得。當華人投得這些土地之後，仍企圖建造傳統式的屋宇，但當局不批准，當時也引起華人業主的請願反對，結果在圖則上略為讓步，即對於天井上用以透陽光的空位略加縮小，才平息了反對的風潮。但當時這一帶的樓宇，已經稱做"洋樓"了。

對於香港樓宇結構的變遷，亦有足一述者。開埠初期華人所建的樓宇，屋內並無通天的地方，數字內部的廚房只靠一條瓦通製造的煙囱將柴炭的火煙通出屋外，因此樓宇內可多住一些人，後來規定有通天，通天的面積本規定為樓宇面積的四分之一，做到房屋有窗，但華人業主反對，結果只規定廚房及尾房一定有窗，即將通天的面積比原定的為細。

當時一位洋行大班力排眾議贊成委員會的建議，這位洋行大班就是保羅遮打氏（C. Paul Chater），他大力支持讓華人在兵房地皮建屋。他提出的理由很簡單，他指出香港不同非洲，非洲等殖民地的黑人，只能提供人力，不能提供資金，而香港的華人，其資金比全港任何西商的總和都要多，他們來投資，有錢就可以買地建屋，不能作種族隔離。因此不能再像以前那樣，保留"維多利亞城"的規模了，華人住宅區的向中環東部伸展，是無可避免的趨勢，西人們必須接受這一事實，不應拒抗這種自然的發展。他建議西人住宅可移向半山區，山頂纜車已經提供交通之便，移上半山區，就不會有懷疑華人"污染"空氣之慮。他又主張將海陸軍軍營遷往花園道那邊，那些營房所空出來的土地，將來建成華人屋宇時，可規定不能建傳統式的華人屋宇，必須在屋內有一可透光的天階，及規定有一露台，以接受陽光，將來填平海面得地建屋時，亦作此種規定。這樣就可以改善華人的居住環境了。

保羅遮打是立法局議員，他是在立法局會議時發表上述意見，於是1889年通過第六號《填海條例》，認真執行調查委員會的各項建議。當時住在維多利亞城內的西人，仍然不斷在西報上發表意見，主張華人住宅區，限制至雲咸街為止，鐵崗一帶，應為西人住宅區。

這些只廚房和尾房有窗的樓宇，由於規定前座必須有一露台，故此當時已稱之為"洋樓"。其實它和真正的洋樓，距離尚遠，但華人建築商，一直稱之為"洋樓"，直到五十年代中，建成了真正的房房皆窗的洋樓之後，才將以前所稱之"洋樓"叫作"唐樓"。

"唐樓"即華人住宅樓宇，但又並非最初的華人住宅樓宇，由於"唐樓"是一種合法的建築模式，故戰後所建的高層大廈，仍有用"唐樓"的形式建築的。現在市面出售的分層樓宇，仍分"唐樓"與"洋樓"兩種，前者只廚房有窗，而後者則房房有窗，故洋樓的實用面積較細。

1889年的填海計劃，東面由花園道海旁開始，西至石塘咀止，將德輔道海旁填出去，至干諾道為止。這項龐大的工程，由於當時填海和開山的機器尚未發明，故工程進行共十五年，至1903年才完成。

當1890年英國王子康樂公爵夫婦從印度返英國，但他們不從印度直接經地中海返英，而從美國橫渡大西洋返英，因此順道來香港一遊，於3月31日抵港，備受中西人士歡迎，並為新填海立石留念。勒石典禮於4月2日在現時之遮打公園西北方舉行，當任港督德輔剛回英度假，由署理港督輔政司佛蘭西斯菲林明蒞場主持，他在致詞時表示，這次填海值康樂王子來港，將來填海完成，將以王子之名命名海旁大道。當時署理港督法蘭西斯菲林明在致詞時又說：原本名為寶靈海旁道的這一條新填的街道，將以現任港督德輔之名命名，用以紀念他支持這次填海大計，至於另一條街道，將以全力支持填海工程的遮打爵士之名命名。

德輔道之命名由此而起，而干諾道亦以康樂王子之名命名，康樂王子英文名字為 Connaught，當時華文報紙亦一律譯為康樂。但不知何故，其後在路牌譯名上，竟譯為"干諾"。到二十世紀七十年代置地公司建康樂大廈時，始用康樂之名，也稱康樂廣場。

新填地上建醮

當填海工程完成之時，新填成的德輔道西這一塊新填地，面對南北行的文咸西街和永樂街。南北行每年盂蘭節都有設壇建醮之舉，以往南北行建醮，醮壇設於上環街市乍畏街與永樂街交界的空地上，這空地之後已建成男廁和女廁及男女公眾浴室。這地方俗稱"十王殿"，就因為每年南北行盂蘭節打醮時，醮棚設在該處，醮棚安奉十殿閻王，習以為常，是以稱之為"十王殿"。[7] 1904 年，新填地築成，南北行就向當局申請將醮棚搭在新填地上，獲當局批准，醮棚的位置就在南北行對開的德輔道西與干諾道西之間。當局批准在新填地上建醮，是因為自 1894 年歲次甲午開始，本港鼠疫盛行，死人無數，一直到 1899 年已亥，亦時有發生，到 1904 年，鼠疫已成過去，為了超度死於鼠疫的亡魂，故批准擴大醮棚。

這一次盂蘭節建醮，特別超度甲午至己亥年鼠疫

7　編者註：有關"十王殿"的現況，參註 2。

的亡魂，故醮棚蓋得極為宏偉。參考《香港醮會聯珠》所輯當時在新填地建醮時的醮棚對聯，便知當時建醮的宏偉情形。聯云："新填地暫作經壇，回首數年前，巨浪洪濤，忽今滄海桑田，誰主誰賓？世事無常成造化。""長恨天權為法界，謹諏七日內，超幽薦食，從此陰靈晦魄，休嗟休怨！死生有定識虛盈。"

撰這副醮棚長聯的人，是當時本港一位老師宿儒，他名叫劉鑑墀。後人將他歷年為南北行和各商會團體所寫的長聯，輯成一書，名為《香港醮會聯珠》，其後再將其他的對聯收集，出版《新輯香港醮會聯珠全集》，連同慶祝慈禧太后六十大壽，本港各華商搭牌樓慶祝時的牌樓長聯也輯入書中，是一本研究本港華人風俗史不可多得的參考書。書中另有一聯云："事由甲午之初，相沿己亥，經年累月，弗少滯魂亡魄。茲當疹癘潛消，願各信女善男，立好的念，捐多的錢，須知今世修來世福。""醮啟乙酉之日，進至壬辰，七晝連宵，靜聽法鼓雲璈，莫不慈悲在抱，顧彼高僧羽士，虔誦真言，誠喃真懺，為我同人廣結善緣。"

這副醮棚長聯，足以說明這次建醮是為超度鼠疫亡魂而設，由於對聯長達百餘字，且作連宵七日的法事，亦知醮棚的宏偉和當時的熱鬧情形。而這一次建醮，影響日後的風俗極為深遠。

現時每年農曆七月，南北行和三角碼頭的坊眾，仍有建醮之舉，一年一度，從未停止。醮場的地點，就在三角碼頭附近，面對南北行的德輔道西與干諾道西之間的一段皇后街道上設立，這建醮的地點，就是由 1904 年開始批准的。當時該處沒有樓宇，醮棚可以搭得宏偉，現在已建成很多樓宇，但每年的醮棚仍是很壯觀的。[8]

南北行建醮是一件盛事，在新填地上建醮更加宏偉，我們可從劉鑑墀所撰的對聯而知其盛。原來醮場有花棚，用以擺設名種花卉，其花棚聯云：“昔作畫棚，今作花棚，棚看豈非無雅客？”“左為龍榜，右為虎榜，榜開多屬有錢人。”此外，又有傀儡戲演出，港人稱手托木偶戲為木頭公仔戲，他又撰木頭戲棚口聯。云：“碌眼吹鬚，忘卻本來真面目。”“扭頭捻頸，裝成一副假心腸。”此外又有“八音棚”，八音是粵語，指的是樂器演奏和粵曲演唱，其八音棚聯云：“處世定難揸硬板”“有時都要跌低絃”。

從這些醮會對聯的分類，可見醮會中以前有“畫棚”，陳列古今名人字畫，供雅客欣賞，後來“畫棚”改作花棚，陳列盆景與花卉，又有捐錢多的人題名榜上，稱為“龍榜”與“虎榜”。會場中既有手托木偶戲演出，又有粵曲演唱。總之，當時在新填地上建醮，極一時之盛。

8　編者註：現時三角碼頭的坊眾已遷至中山紀念公園建醮，舉辦盂蘭勝會。

煥然一新的德輔道

德輔道原名"寶靈海旁道"，因填海而不再成為海旁，易名為德輔道之後，於是德輔道中兩旁的樓宇，就變得新舊對比極強烈。南面近山的一邊，原為1862年前後建成的樓宇，這一列坐南向北的樓宇已有三十年的歷史，於1904年之後已不能望見海面，與對面新建的樓宇，就顯得此新彼舊。故戰後拆建該處的樓宇，亦由南面的樓宇首先拆建，其中最先拆建的，就是所謂"中區四街"，它就是德輔道中南面，皇后大道中北面，中國街的東面，砵典乍街的西面，這四街的樓宇都是1862年期間建成的，戰後首次大拆建，建成的建築物，就是今天的"萬宜大廈"。因此，中國街這條街，也成歷史陳跡，易名為"萬宜里"了。由於1862年首次填海時，軍營從士丹利街、德忌笠街一帶遷往美利兵房之後，西人要求限制華人樓宇不應越過雲咸街這條界線，他們發起組織一間地產公司，以眾人之力來對抗華人業主收購該處的地皮，故在新填地開投官地時，凡近雲咸街這一界線以東的地皮，都由該公司以高價投得，其他華人業主以個人之力，無法比該公司出價高，是以政府雖沒有明文規定劃定界線。而在開投官地時，華人業主總是不能以高價投得，也就成一自然界線。這間公司就是置地公司，今

118

日德輔道的"置地城"，就是這一基礎發展而成的。[9]
該公司可以說是支持填海計劃的公司。

當時置地公司投得新填成的德輔道與畢打街之間的官地，建成一間全港最宏偉的告羅士打酒店，又在附近投得幾塊填海新地，興建大廈。這些大廈，都是以當時英國皇室人物之名命名，又以之出租給經營出入口生意的商人作辦公室之用。經營出入生意的商行，通稱洋行，因此這些大廈，亦以"行"稱之。這一系列的大廈，便是公爵行、公主行、皇室行等等。那時的"行"，就是大廈。

"書信館" 與香港郵政歷史

在德輔道中第一座建築的政府樓宇，就是"書信館"，那郵政總局。郵政總局位於德輔道中與畢打街交界處，就是現時中區環球大廈的地址。這間郵政總局於 1905 年動工興建。

早期香港的郵政局稱為"書信館"，沒有人稱郵政局，很多人未明瞭其原因。其中以北方人來到香港時聽見"書信館"一詞，且以香港人沒有文化而嘲笑，其實"書信館"一詞，正代表香港是整個東南亞最先有郵政的地區。"書信館"一詞是有來歷的。

德輔道的變遷

9　編者註："置地城"即現時的"置地廣場"。

人們都知道，英國是最先使用郵票的國家，當本港開埠之初，便有郵政局之設。本港郵政局於 1841 年 10 月宣佈成立，那時的郵政局只是一間小屋，位於今日花園道聖約翰教堂側。那時在香港的英國人和英軍，都到這所郵局來寄信。當時寄信因英國還未有郵票運來，寄信時有先付郵費及由收信人付郵費兩種。

　　寄信返英國或印度的人，若先付郵費，郵局職員即在信封上蓋一"郵費已付"的英文印鑑，若郵費由收信人支付，亦在信封上蓋上一"郵費由收信人交付"的印章。直到英國運來郵票之後，才一律要買郵票貼在信封上。當時香港還未有自己的郵票，用的是英國的郵票。

　　至於由英國寄來的信，則無郵差派信，郵件一律放在郵局內，由收信人到郵局去揀信，看看有沒有自己的信，有就取去。初時郵局只有外國人進去收信，但自 1845 年之後，香港和五口通商的商港有郵政服務，華人中的洋行買辦及懂得使用郵政的華人，也到郵局去揀自己的信。郵局因寄來的信極多，每日到來揀看信的人多於寄信的人，擠滿了那間小屋，小屋內的書信插滿了四邊牆壁的信插上，如同一間書信館一樣，因此便稱之為"書信館"。

　　"書信館"一詞的由來，並不是從寄信而起，而是從收信而起。自 1845 年 5 月至 1857 年之間，人們到書信館去，多是去收家書和信件，故說到書信館去，並非是去寄信，而是說去看看有沒有自己的書信。郵局將中文信插在一邊，英文信插在另一邊，華人進去揀取自己的書信，多集中在中文信件的一邊，秩序非常亂。故自 1857 年起，郵政局長譚馬士希蘭宣佈請郵差派信，不必人們親到書信館來取信，至於那些地址不詳的信，則仍留在郵局待取。

郵局之名為"書信館"，是因為初期沒有郵差派信，人們要到郵局去取書信，故此郵局便如同一間專放書信的書信館。故早期香港人稱郵局為"書信館"，是說明郵局的實際情形，這是最貼切的稱謂。

中國古時是沒有郵票的，寄信要貼郵票是新事物，那時港人用的是英國的郵票，他們不知道這有齒孔的小方塊紙貼叫什麼，只好照英國人的稱呼而稱之為"士擔"。郵票是一個很後起的詞，那是清末開始自辦郵政之後，才有"郵票"和"郵政局"兩詞，所以"士擔"與"書信館"兩詞，適足以說明香港人最先接觸到這兩件新事物時，以自己的創意力而稱呼它們。

在花園道上的小屋型的"書信館"，顯然已經不足以應付日益發展的需要，約在 1846 年，一間新的"書信館"已在皇后大道中建成，這間本港第二期的"書信館"的位置，在今日雲咸街一側，這間"書信館"已比第一期的那一間大得多，其中大堂的面積更大，以適應到郵局去取信的人日益增多。

香港有自己的郵票，是在第二次鴉片戰爭之後，當時九龍半島已劃入本港版圖，而香港亦發行了自己的貨幣，有了自己的貨幣，才能有自己的郵票，這是必然的步驟。香港第一套郵票，是由當任港督夏喬士羅便臣所設計的。這一套郵票，共六枚，郵票的正面，以維多利亞女王像為圖案。

夏喬士羅便臣在港發行郵票，是經過力爭才成事的。原來，在 1862 年之前，本港的郵政局長，是由英國郵政總局委任的。首要原因是當時香港沒有自己的郵票，用的是英國郵票；其次是，初期郵件的運送，依賴軍艦多於依靠商船，故由英國郵政總局管轄香港郵局。夏喬士羅便臣認為香港應有自己的郵票，故郵政局長亦應由香港選任，英國方面亦覺得他的意見合情合理，於是就同意他的建議，香港從此就有自己的郵政。

夏喬士羅便臣自己動手設計郵票，他初時只設計六種郵票，後來再加多一種大面值的郵票，共七種。他最初設計的郵票是二先時、八先時、十二先時、十八先時、廿四先時和四十八先時，後來加上最大面額的九十六先時郵票，共成七種。他將設計好的郵票寄往英國印製，於 1862 年 12 月 8 日發行。

郵票上的"先時"兩字，是從英文直譯過來，因為當時香港已有"香港一仙"的銅幣發行，但"香港一仙"的銅幣上，用的是"仙"字，而郵票上的"仙"，則用"先時"，可見當時本港的譯文並不統一。在貨幣上用"仙"，在郵票上用"先時"，此種情形一直維持很久。到 1891 年，才有第一張"仙"字郵票出現，那是"十仙"的郵票，但這"十仙"的郵票並未發行，因當時缺乏七先時的郵票，把這"十仙"的郵票，加蓋為七先時的郵票。

在整個維多利亞女王時代，郵票全用"先時"，與貨幣上的"仙"完全脫節，只有在香港長期生活的人，才知道"仙"即是"先時"。從這小小的事例可以看到，初期的香港行政，並不見得怎樣的高效率，頗有各自為政的情形。

到了 1903 年，愛德華七世登位，本港發行以愛德華七世為圖案的郵票，才將"先時"二字，改為"先"，但仍然不肯改作"仙"。"先"的郵票，一直維持到 1938 年發行喬治六世加冕紀念郵票時，郵票上的"先"才改為"分"，"二十五先"亦改為"二角五分"，"十五先"則改正為"一角五分"。這種改革，是受中國的郵票所影響。因為中國郵票，自民國成立之後，即不斷改進，元、角、分的制度漸已確立，郵票上很早就用元、角、分等字眼。中國人的愛國情緒在 1937 年非常高漲，香港的郵票，在當時改變過去的落後的面值名稱，追隨中國郵票的面值名稱，是符合當時世情的。在皇后大道中雲咸街口的郵政總局，到 1904 年時，已顯得不敷應用，首先是郵政總局已經不近海旁，郵件的運輸極為不便。從前未填海時，郵政總局面對海旁，運送郵件極方便，現在填了海，不方便是顯而易見。其次是本港人口增加，商業郵件亦增加，舊的郵政總局顯得狹窄。因此於 1905 年，在德輔道上，興建一座古堡式的新郵政大廈。

這座位於德輔道與畢打街之間的郵政大廈，全部地基用巨石砌成，大廈的支柱，亦用巨石鑿成，建築時間達五年之久，到 1910 年才落成。這是在新填的地皮上建成的首座政府樓宇。這座郵政大廈的干諾道部分，就是面向海旁，郵件由於多從海道運來，故郵政局一定要在海邊地區建立，以便運送郵件。當時新建的郵政大廈，已懂得利用天橋，橫跨干諾道而至海邊，海邊建一碼頭，郵局的船隻把郵件從碼頭吊到天橋上，便可以直接運進郵局。郵局內寄出的郵件，亦從這天橋上運到船上，由郵局的船艇運到九龍或運往洋船上寄出。

這座郵政總局曾一度成為香港廣播電台的台址。現在這間郵政總局已經拆去，建成環球大廈及中區地下鐵路的車站，郵政總局又遷到近海的康樂廣場上。從郵局的三遷其址，可以看得出，郵政總局必須依海而築，因為進出的郵件，必須依賴海運，九龍郵件靠海運送往港島，而廣九鐵路 [10]、啟德機場 [11]，都在九龍，

---

10 編者註：廣九鐵路即連接廣州至九龍的鐵路，現已分拆為廣州至深圳的 "廣深鐵路" 及香港港鐵的 "東鐵線"。

11 編者註：啟德機場是舊時香港的國際機場，位於九龍的九龍城，1925年啟用，1998 年正式關閉。現時香港的機場已遷至離島區的赤鱲角。

空郵和平郵都要靠船隻運往，如果郵政總局遠離海旁，就不甚方便。故每填一次海，郵政總局都要遷址一次。假定將來中區再填海的話，郵政總局也要隨海岸線而遷到新址去。

以消防大廈談香港消防歷史

德輔道上的第二座政府建築物，則是中區的消防大廈，這座大廈比郵政大廈遲了十多年才興建，原因是該處地皮，早有建築物。

中區消防大廈，座落於德輔道中，即在中環街市對面。當 1904 年填海工程完成之時，該處的地皮，由政府以短期契約出租給奄派亞娛樂公司，在該處建築一間影戲院。當時美國的電影傳來香港，因港人事前是從報章上見到有關電影的一切及這種活動的影畫在港上映，港人無不爭相購票入場觀看。奄派亞娛樂公司認為在新填地上建一所影戲院，一定受歡迎，因此就租了這塊地皮來建戲院。由於政府批租的期限只十二年，故該戲院亦因陋就簡，只用工字鐵架起一座房屋的外框，屋頂上是用金鐘架搭成鋅鐵瓦面，四邊砌以磚牆和太平門，只正門略作裝飾，就開始營業，名為奄派亞電影戲院。

關於消防大廈當時的地址，是在大道中與威靈頓街交界之處，這座大廈大門面對鴨蛋街口，即在皇后大道中，後門則在威靈頓街，只是一幢樓高三層的大樓，樓宇結構是磚瓦木石。樓下是放置滅火車的地方。當時的滅火車十分落後，全部都是用人力推動的，其中最主要的，是幾部泵水車，因為救火非水不行。而當時本港的水壓不是以將水射到二三樓去，街上亦未如今日有為消防而設的"救火水龍喉"，每遇火警，首先出動的是幾部泵水車，它們先趕到現場，將滅火喉接在水源上，就用人力將水泵入水龍喉內，由消防員將水喉向火場噴射。當時救火，除消防員之外，還有街坊坊眾。

本港的消防歷史，亦足一述，查本港開埠之初，在 1841 年，來港工作的各地農民，以及在島上經營小生意的小販，都是集中在西營盤附近蓋搭寮屋棲身及出售食物的。到 1842 年，曾發生一場大火，將所有的寮屋全部燒去。大火之後，官方和民眾都重視防火，因此初期的防火工作，是官民雙方進行的。

官方組織消防隊，從英國運來救火車，民間亦組織消防隊，每一條街，由街坊選出壯健坊眾，負責救火。那時每一條街的街口，都有一座平房，用以放置街坊捐助的防火設備，例如長竹鉤、長梯、救火隊的竹析帽、救火隊的號衣，和兩部中國式的救火車。中國式的救火車，也是一部泵水車，這部車是手搖泵水車，將水喉搭到水井或海邊，搖動水車上的搖臂，將水抽到水車上，水車上有一個巨型的盛水器，救火員用水桶將水澆出，到火場去救火。

當時救火的情形是這樣的，救火隊在水車前一個個的排列成行，排到火場之前，水車前有水桶澆水的人，將載滿水的水桶，交給旁邊的人，此人將水傳給前面的人，前面的又傳給前面的，一直傳到火場前的人，此人將水潑到火場去救火，放下水桶，又接過第二桶，這樣一桶桶的水救火，另有人把空水桶拿回水車旁邊，繼續澆水。這種落後的救火工作，需要很多人力才能救熄一場火的。

本港早期的救火工作完全用人力將一桶桶的水傳到火場去救火。因此每遇火警，並非只限火警的街道的救火隊救火，其他街道的街坊救火隊，亦全部動員灌救。官方的消防人員因受過訓練，常入火場中去救人，他們是站在火場第一線中工作。其後有了自來水，消防隊用水喉救火，街坊救火隊則由於水壓不足，仍用古法救火協助，此種情形，一直維持到辛亥革命之後。而街坊救火隊的小屋，到二十世紀三十年代初，仍有些街道保留未改，老街坊還會記得，南北街街口的救火站，是最遲取消的，該救火站在南北行公所對面，那些古老的救火設備，於 1931 年還可以看見。

原位於大道中的消防大廈中的救火設備，既是如此落後，到了 1931 年，英國已經發明了汽車型的滅火車，滅火車上又有電梯，這種巨型的滅火車輛，不是古老的消防大廈能夠放置。因此在更換消防設備的同時，亦需要一所新型的消防大廈。當局於 1917 年，撥款在德輔道中，將租約已到期的奄派亞影戲院收回，用作興建消防大廈。

這座消防大廈，完全是為了購買新型的消防設備而設計的，其正面門口的高度，可容許附設雲梯的機動滅火車進出。同時，大廈內亦建一訓練消防員的場地，有高架塔，以便訓練消防人員攀登高樓救火救人。

德輔道中的消防設計，便成為本港消防局的設計標準，其後隨著本港的發展，各區都設有消防局，所有的各區消防局，都依德輔道中的消防大廈的模式設計。

新填地的商機

上文說過德輔道近皇后大道一邊的樓宇，從前都是海旁的樓宇，因此當德輔道填成新填地之後，新建的樓宇都在近干諾道的一邊，奄派亞戲院後改為消防大廈，以及畢打街和德輔道交界處的郵政大廈，都是位於新填地的一側建成。這一側所建的新樓極多，例如在奄派亞戲院建成時，位於恒生銀行的地址 [12] 上，就

12　編者註：此處指的地方，是現址位於中環干諾道中 41 號、域多利皇后街交界的盈置大廈。盈置大廈前稱恒生大廈，為恒生銀行的前總部大廈。1991 年，恒生銀行總行搬至中環消防局舊址，原址 2007 年改建為盈置大廈。

建有一列四間的四層高樓宇，其中通向域多利皇后街的單邊舖位，開有一間西餐館，名叫華樂園，這是香港最早開設的華人西餐館。

此外這一側的新填地，在 1912 年之後，先後興建了很多建築物。消防大廈近租卑利街的一側，對面建成的樓宇，開設了一間著名的茶樓，它就是"第一樓"，現在這列樓宇已拆建，建成新的大廈。在第一樓茶樓西邊，該處又於 1913 年時，建成了一間新型的旅館，名叫"南屏旅店"。

辛亥革命後，華僑非常興奮，他們紛紛回國看看革命後的中國，香港是華僑回國的轉口港，他們要先到達香港，然後才能返鄉，因此香港需要很多旅館。商人看準了形勢，在該處開設南屏旅店，這間旅店現已拆去，建成大廈。

當時德輔道中近海的一側新填地，建了很多新型的樓宇，其中有先施公司、大新公司、瑞興公司和永安公司。香港的幾大百貨公司，都集中在這一側的新填地興建，先施公司現時仍在德輔道中原地址上 [13]，這是將舊址拆去改建的，大新公司則已建成大廈，但不再經營百貨公司了。至於瑞興公司，它的位置在今日的李寶椿大廈之處，是戰後最先拆建的。永安公司仍在現時的地址上，這間百貨公司近干諾道的一邊，闊

13　編者註：先施百貨的總部已於 1995 年遷往銅鑼灣。

作旅館，名"大東酒店"，用以招待回國的僑胞，在民國初年，算是第一流的華人旅店。在永安公司再向西移，又有一座由美國華僑興建的新酒店，它是陸海通酒店。

這一帶的樓宇，現在已建成樓高數十層的大廈，與新填成陸地時的情況完全不同，如非老香港街坊，無法知道這一帶的德輔道，從前是旅店和百貨公司雲集之地。

在德輔道中最末的一個地段，即近摩利臣街之處，有一座最遲建成的新式酒店，名叫"皇后酒店"，這是一度用三合土建築的新型建築物，酒店內的房間，全部用磚牆間格。原來，南屏、大東、陸海通等酒店的房間，都是用板間成屏風間格的，皇后酒店的房間，則全部仿照西式酒店，以磚牆間格。這間酒店於戰後曾改為新光酒店，現在已建成新型大廈，德輔道中一帶，已無酒店和旅館了。

古老的中環街市

德輔道中的古老建築物，現在碩果僅存的，就是消防大廈以及消防大廈對面的中環街市。現時的中環街市是用三合土建成的，這不是最初的中環街市，最初的中環街市是用紅磚建成的，只得一層，它的正門不在德輔道，而在皇后大道中，即面對閣麟街口之處。[14]

中環街市的歷史可追溯到 1849 年，當時該處是海旁，很多小販都在海旁擺賣東西，形成一個路邊市場。當 1859 年首次填海時，將皇后大道填至德輔道邊緣時，這一塊新填的空地更形成一個市場。當局認為中區人口已自西營盤向東移，該處實在需要一座街市，故而於 1895 年左右，興建第三代的中環街市。

當時的建築材料限於磚瓦木石，由於該處的地勢是近皇后大道中的高，近德輔道的低，故在建築時，以德輔道低下的地方作為水平線，建成一座用紅磚建成的一層高街市，屋頂是用瓦面結構。由於街市以低地為地基，不與皇后大道呈一水平，故用兩座天橋自街市的建築物搭出皇后大道，作為街市的入口。

市民從皇后大道中進入街市，走過天橋之後，要步下石階才到達街市的購物部分。而街市的兩側，即近租庇利街與域多利皇后街兩邊，都有小舖位出租給商人出售副食品，所以有些人怕行石級，寧可沿租庇利街的斜路光顧小舖位買餸，這是中環街市初期的形式。

現時的中環街市，是 1938 年 3 月才興建的，當時舊的中環街市，由於用磚瓦木石建成，已很殘舊，

────────────

14 編者註：消防總局已於 1982 年他遷，大樓拆卸，現址成為恒生銀行總行大廈。而中環街市則在 2017 年開始進行活化工程，2021 年重新開幕。

而 1937 年 7 月 7 日盧溝橋事變發生後，自華中和華南來港的人日增，舊的中環街市已不足應付，故要拆去改建。

當時港府要將這街市設計成最現代化的街市，因此不惜動用巨資，撥款達九十萬元作為興建街市之用。這座街市樓高三層，以德輔道中為正門，正門進去是地下，有樓梯登上二樓，二樓則可通往皇后大道中。在皇后大道中外，建一天橋通入街市，作為皇后道方向的門口。因此從皇后大道中進入街市，就是街市的二樓。街市內另有兩座樓梯通上三樓，而又有樓梯通上街市的天台，這是街市的基本設計形式。

街市在當時被稱為最現代化設備之一，是一座處理垃圾的特殊設計。這新型設計人們稱之為 "垃圾槽"，垃圾槽可通至地下的垃圾房內，垃圾房可容垃圾車開入，垃圾車開入垃圾房中，車斗對正垃圾槽，則二樓和三樓上面的垃圾，就不必搬到樓下來傾倒，只須倒進垃圾槽內，垃圾就可以倒進垃圾車內，節省了很多人力和物力。在當時來說，是最先進的設計。此外，又設置了泵房，將水泵給洗街的汽車，作為清洗街道之用。

後來本港興建了很多新型的街市，各街市都有綜合用途的設計，其中有些街市除有垃圾槽及供應洗街車用水的設備外，並將天台闢作兒童遊樂場。這種將街市作綜合用途的構思，是始自中環街市的。

中環街市只是俗稱，它的正確名稱為"中央市場"，1939年中環街市落成時，啟用禮非常特別，是分三日開幕的。當時5月3日雞鴨枱、鮮魚枱行啟用禮，5月4日則為豬肉枱、牛羊肉枱行啟用禮，5月5日則為果菜枱行啟用禮。換言之，樓高三層的中環街市，是分層啟用。這街市的結構亦頗足一述。

自德輔道正門入內，左邊是鮮魚枱，右邊是雞鴨枱。即由租卑利街的側門進內，就是雞鴨枱所在。該處共有雞鴨枱45號，每一個雞鴨單位均設有洗盆、劏雞房和燙泡房，以及供拔毛的大盆。該部分設有街市伙伴浴室和廁所。左邊鮮魚枱以域多利皇后街的側門為中心，內有鮮魚枱57號，每一單位設有養魚池，亦有專供魚枱用的浴室廁所。在鮮魚枱與雞鴨枱之間，有一個天井，可供雞鴨枱擺放雞鴨籠及鮮魚枱放置魚桶之用。該處有一間出售生雪的房間，供街市各行業買人造冰作冷藏之用。故1939年5月3日開幕的，實際上是地下這一層先行啟用，而5月4日豬肉枱和牛羊肉枱啟用，亦即二樓啟用，因這兩行的肉枱在二樓。

中環街市的二樓設有街市管理處，是街市的行政中心，行政中心西邊是豬肉枱，東邊是牛羊肉枱。牛羊肉共40號，豬肉枱62號。

本港的肉食商一向豬肉行自成一個行頭，牛肉和羊肉則合成一個行頭，中環街市二樓雖然同是出售家畜及肉類，但仍依慣例分開，豬肉行只能賣豬肉，牛肉枱則可兼售羊肉。這種分行規矩，由來已久，在中國各大城市都作如此的分成兩個行業。原因是中國有很多回民，回民只吃牛肉和羊肉，國內有很多回民飯店，回民飯店所用的牛肉和羊肉，都由牛羊肉商供應，故牛羊自成一行。

三樓是果菜行的枱位所在，果枱共 31 號，菜枱 50 號。果菜枱於 5 月 5 日開業。

至於中環街市的天台，建有辦公室和宿舍等建築物，天台辦公室是中環和上環潔淨局辦事處，宿舍則是中環街市管理員的宿舍，有食堂、浴室廁所等設備。

當 1939 年 5 月啟用時，街市枱號的租金共分兩種，一種為原本在舊街市已有單位的商人的枱位，這些枱位由原本舊街市已有枱位的商人用暗標方式開投，其餘的則用明標開投，價高者得。當時雞鴨枱有 39 號是原來舊街市已有枱位的商人投得，平均每號雞鴨枱的租金為九十六元二毫五仙。公開招投的雞鴨枱只得 6 號，平均每號租金是二百二十六元五毫八仙。最高價是三百四十一元五毫。

鮮魚枱的情形較特殊，原本舊街市的魚枱共 37 號，這 37 位商人，平均以五十九元七毫一個月租金投得。公開招投的枱號有 20 號之多，平均每號月租一百零二元八毫八分，最高價為一百二十六元，最低價只四十一元。

二樓的牛羊肉枱有 26 號為舊人經營，他們自願付出的租金，平均每號一百一十元零六毫二仙。公開由新人投得的牛羊肉枱 12 號，最高租金為三百八十四元，最低則為七十元，平均租金為二百四十八元三毫七仙。

豬肉枱有 44 號為舊人租用，餘 18 號則由新人公開承投，平均租金為七十一元九毫二仙。三樓的果菜枱，多由舊人投得，最低租金為四十元二毫五仙，最高一百零三元二毫五仙。

我們從上述的租值可以看到，1939 年時本港街市枱位的租金已經相當昂貴，最低的雖然是四五十元，但普遍都在百元以上。那時住宅區出租的房間，一間八呎乘十呎的房只租十元八塊，小房間亦不過六元租金一個月。當時普通工人的工資，約為十五元至二十元一個月，一般勞苦大眾每天出賣勞動力，每日只能獲得三四毫子的報酬，他們是無法租一間房間居住的，只能租一個床位，床位的租金，也要二元一個月。香港的租金一向高昂。

中環街市的建築費在當時來說，是一項龐大的開支，共九十萬元。但若從租金的收入來計算，這樣龐大的開支，其實是並不龐大，因為收到昂貴的租金，九十萬元的建築費，變成了一項極有利的投資，不到四年，就可以收回成本。

原來，當時中環街市三層樓所收的租金，每月達二萬六千元之多，十個月收租二十六萬元，故四十個月所收的租金，已超過了全部建築費，若加上管理成本在內，則五年就完全翻本，像這樣五年可完全翻本的投資，有什麼投資比建中環街市更為有利的呢？

　　因此，以中環街市為例，香港有很多政府的投資，表面上看來似是付出龐大的建築費和管理費，但若從長遠的收入去看，這種投資是十分有利的。像此類的投資，既可贏得市民的頌揚，又有利好圖，何樂不為呢？

　　中環街市落成於 1939 年，照它當時的租值計算，的確是四年之後可以翻本的，但實際上並非如此，因為 1941 年 12 月 8 日，日軍向九龍發動攻勢，1941 年 12 月 25 日香港淪陷，香港政府實際上只收了兩年多的租金，還未翻本。當戰爭爆發之初，中環街市成為主要的糧食配給站，因為那時香港進入緊急狀態，當局要維持民食，避免局勢混亂，開始配給食米，當時要找尋適當的地方作為配糧之地，中環街市大派用場。

　　中環街市有四個門口，門外有長長的行人路，街市內有廣闊的地方可供存米之用，故在戰爭爆發時，即以之為配米站，中區居民就在街市外面輪購食米。當時各區的街市沒有中環街市那樣多地方，無法作為配米站，只好徵用戲院作為配米地點，戲院在兵荒馬亂的時候已無業可營，戲院的大堂有寬闊的地方可供配米之用。居民平日到戲院去輪購戲票，當時則去戲院輪購糧食了。

因此，中環街市付出的九十萬元建築費，實際上要到 1950 年才翻本的。戰時，中環街市基本上未曾遭破壞，故戰後很快就復員。1946 年街市枱位的租金，基本上仍照戰前所訂的租值收租，以後才慢慢調整。

現在德輔道中很多古老的建築物已拆去，建成了高樓大廈，目前只餘中環街市和對面的消防大廈仍保持古老的模樣，這兩座建築物，相信不久又會將它拆去改建了。

聽說消防大廈將首先改建，因為中環街市目前沒有發展的必要。中區的人口正在不斷減少中，從前中區有很多住宅樓宇，現在幾乎都是商業大廈，人口減少，街市的面積沒有擴充的必要。將來消防大廈拆建之後，這座街市，就成為唯一保存的古老建築物了。

新街與保良局

保良局與香港的娼妓發展

上環東華醫院旁邊的一條街道，名叫新街，這條街道其實與太平山街相接，中間與普仁街構成一十字路口，在東華醫院側的叫新街，在東華醫院對面的叫太平山街，從街道命名上，已顯出大有文章。

原來新街初名保良新街的，現時很多老香港街坊，仍叫這條街作保良新街，假如你寄信，寫上"保良新街"是一樣可以寄到的，雖然路牌上寫上"新街"（New Street）字樣。

工務司署地政測量處編印的地圖上，只有"新街"的街道圖，但是在"街道索引"一欄內，又有"保良新街"的名稱，下面用括號寫上"又名新街"四字，表明此街原名保良新街，現時正式的路牌，卻是別名而已。

香港有保良局，這條街既然原名保良新街，是不是最初的保良局，設在該街上因而名之為保良新街呢？可以說是，但亦可以說不是。為什麼呢？這就要談談保良局的歷史，才能說明其原因。查現時的保良局，在禮頓道上，與保良新街距離幾個"環頭"。但今日的保良局，是 1930 年興建，於 1932 年落成啟用的，在未有禮頓道的新址之前，保良局的舊址，確實在保良新街附近，但並不在現時的新街內。既然不在保良新街之內，為什麼這街道又叫保良新街呢？那就先要研究保良局創辦的經過了。考保良局創辦於1878年，1978年該局百週年紀念，郵局曾發行紀念郵票。

保良局的設立，是和香港的娼妓發展有關的。當本港漸漸開發成為一個繁榮都市之後，娼妓亦隨之而繁榮起來，到了1865年間，妓院妓寨如林，這些妓寨裏的妓女，都由"看雞佬"所看管。所謂"看雞佬"，全部都是黑社會人物，他們有組織地替妓寨的事頭公或事頭婆服務，收取服務費。"看雞佬"與事頭婆，又分別和治安當局的貪官勾結，於是就有迫良為娼及拐帶婦女賣落妓寨為娼的事發生。故此到了1868年，拐帶婦女迫良為娼的事越來越兇，有些堅拒接客的婦女寧死不屈，吊頸自殺，亦有逃出魔掌向殷商求助的，更有被鴇母虐待而死的。社會輿論產生一種壓力，使政府不得不採取行動，故1868年，港督麥當奴曾頒發告示，嚴禁拐帶及迫良為娼，他的告示全文如下：

為布告事。案奉總督麥當納示諭：照得近來本港及所屬地方，拐賣婦女之事層出不窮，政府現經訂立新例，所有擄拐案犯，成立罪狀，除本刑外，兼判笞刑。茲為杜絕拐賣人口起見，特懸賞金，招人舉發。凡有報訊或出任指證，或幫助政府能將拐擄人犯拘逮到案，審訊定罪之後，即由港庫

新街與保良局

139

酬給賞金二十元。特示。輔政司柯士甸。一八六八年八月廿四日。

加判笞刑以對付拐匪、懸賞給人通風報訊,兩種措施都無法產生嚇阻作用。因為當時貪污之風極盛,報訊者等於自投羅網而已。

當時鴇母與警察勾結,黑社會又與警方、鴇母勾結,構成一種三角關係,通風報訊者若在警局報訊,豈非等於投入惡勢力的羅網中?故此這告示雖張貼於本港各處街頭,但只等於一張空文,完全不起作用。

華人紳商成立保良局

香港地區從前屬東莞縣,其後設新安縣,才劃入新安縣所轄,到清初"遷海"的時候,曾裁去新安縣而歸東莞所轄,因此本港有很多東莞人。香港開埠初期,有很多東莞商人來此經商,亦有更多的東莞鄉親來此出賣勞力。這是由於地理環境之故,因東莞離香港最近。當拐賣婦女迫民為娼最猖狂的時候,受害的婦女,亦以東莞人為最多。本港的東莞同鄉,常常接到鄉間親人的來信,說某人的女兒失蹤,某人的媳婦被人拐去,而不久則在香港的妓寨內發現她們已淪為妓女,因此激起了東莞同鄉要求當局正視這個問題。首先由東莞同鄉在港有地位的殷商,聯名入稟港督。

當時是 1878 年，在任港督是軒尼詩爵士。

這一群在港經商的東莞縣商人，以盧禮屏、馮明珊、施笙階、謝達盛等人為首，他們入稟軒尼詩，只是要求當局認真對付拐帶婦女及迫良為娼這一類不法勾當，並且向同鄉集資作為聘請 "暗查" 的薪金。他們料不到這一張呈文，會引起組織保良局的。現在保良局內，仍保存這一張呈文，只因經歷了百多年，文內有些字跡被蟲蛀了，但全文的大意，仍是看得清楚的。

東莞同鄉盧禮屏等給軒尼詩的呈文如下：

事由：為防範拐帶，集眾捐資，儲備官庫，懸賞購線，請飭差緝拿匪類由。

具稟人東莞縣駐港客商盧禮屏、馮明珊、施笙階、謝達盛等，稟為拐風日盛，集資懸賞，乞恩給諭，以除拐匪，而安良善事：切港地賣良拐騙，例禁綦嚴，向蒙大憲疊次懲治，拐匪稍知斂跡，幾於弊絕風清。第邇來人心鬼蜮，陽奉陰違，行蹤詭秘，東往西遷，甚至媒婆老嫗，俱為拐帶窩家，如誘良家婦女到港，初詭騙為傭，繼則迫勒為妓；或轉販外洋，或分售各地。童男則賣作螟蛉，童女則鬻娼婢。總總奸謀，殊難枚舉。竊憑此等匪徒，各縣皆有，惟我東莞縣拐案特多，凡屬駐港邑人聞之無不切齒。因議集眾捐資，或儲官庫，或儲官廳以備遍懸賞格，購線緝拿，務期杜絕此風，使拐匪無所施其技倆。且以本邑人而查本邑之匪，見聞較確，可無枉縱之虞。惟事關攻匪保良，礙於官法，非奉憲諭，未敢擅行迫得聯名公呈稟明在案，伏乞大人俯察輿情，開恩給諭商等隨時訪察，遇有拐匪，立即就地請差協同拿獲送官審明嚴辦。獲匪者則賞給花紅，被拐者則資遣回籍，庶不至良民受害，尤不使拐匪縱橫，則本邑幸甚！閩港幸甚！謹稟督憲大人台前，恩准施行，謹將條陳五款，稟呈鈞覽。大英一千八百七十八年，光緒四年九月廿五日稟。（具稟人簽名）

　　東莞紳商給軒尼詩的呈文，當中有些缺字，筆者依文意加以補正。至於呈文之後，有五款條件，這五款條件，才是他們所要求的東西，亦即是呈文的重要部分，五款條件中，其前三款條件如下：

　　一、拐帶之風，隨處皆有，然莫有多於香港者，亦莫有甚於近日者，皆因年來水旱頻仍，民多窮困，於是匪徒得以乘機誘拐，設計網羅。無知婦女墮其術中，一入牢籠，鮮有自能解脫者。今擬遍懸賞格，購線緝拿，一經獲案，務從嚴辦，庶拐匪聞風斂跡，則大憲仁愛之恩，不止澤及香江，而中國內地貧民，無不同聲頌德矣。

　　一、香港為各埠通津，故拐匪多取道於此，以其易於授受，而巧於趨避也。且港例有自主之條，而拐匪恃此，愈得以行其術。遂於被拐之人，或用甜言小利，或以恐嚇危詞，逼其自認情甘，縱使當面查訊，亦難破其奸謀者。今商等以本邑人而攻本邑之匪，其詭計雖深，諒亦難逃洞鑒也。

一、商等在港貿易有年，近聞拐風日盛一日，所見拐匪及被拐之人，乃本邑者居多，是以觀此情形，實不忍匪黨以仁字為淵藪。故集議捐資，遍懸賞格，凡獲拐匪到案，無論男婦，無論何縣人，不拘被拐者係何縣人，每獲拐匪一名，審訊定罪後，即賞花紅二十大元。如被拐者係東莞縣人，該拐匪係別縣，其花紅銀亦照賞給。

條陳五款中的其餘兩款，款文如下：

一、所捐之項，係東莞人自行簽捐，將來議定存貯何處，則公舉殷商三位專理。遇有拐騙等情，經官審訊確據後，其花紅銀即向值理處交給。其被拐之人無論遠近，亦由值理酌量給資，護送回籍。

一、此稟乃係稟明存案，求官給諭起見。因拐匪行蹤詭秘，倘俟有所聞然後稟官，飭差查拿尚需時日，必至拐匪逃脫。故必乞官預為發給執照，一遇線人報訊，即可隨時隨地請差捉獲，則拐匪猝不及防，無所逃匿，如此查辦，將見不久而自絕矣。

五款條陳，最重要的是第四款和第五款，因為第四款等於要求政府承認這群東莞紳商所推舉的三位專理賞格的人的合法地位，第五款是賦予他們有廣聘眼線以及可以立即要求差人迅速拿人之權。

143

查本港法例中，規定治安委員有維持治安的責任，故凡治安委員，都有權立即命令差人拘捕認為是不法之人。條陳的第五款，等於給他們一部分屬於治安委員的權力。

這群東莞縣商，完全是因為同鄉看見拐匪猖獗，不得不集資懸賞緝拿拐匪，而向軒尼詩請求給予法定的地位，他們當初並未想到要組織保良局的，後來軒尼詩看了他們的呈文，覺得他們提出的辦法極好，但是必須組成一公共團體，才能執行所提出的各項工作。

軒尼詩爵士亦知道當時香港拐匪猖獗，更知道誘拐良家婦女逼作妓女的事，故原則上同意東莞紳商的請求，但因執行時必須符合法理，當時就叫行政局議員歐德理和理民府長官法蘭些士，研究怎樣進行。

法蘭些士是會說廣州話的英國人，對中文亦能閱讀，他從呈文中有“改匪保良”四字，便仿照東華醫院的組織方法，主張由這群商紳組織一個名叫“華人保良會”的社團，以便執行他們所要求的各種任務。他根據1865年公佈的《公司條例》來擬定組織章程，把“華人保良會”當作一不牟利的有限公司，每股十元，凡捐助十元的即為會員，有權公舉公司董事。董事局由七人組成，主理會務。捐款十元之後，不必再捐，除非會內不敷開支，再集議捐款。會員無負債拖累之虞。

他又參照東華醫院的章程，定出董事局遴選的方法，在公舉七人當中，每年首兩位退任，再選兩位補充，如此可使該會年年增加新人。由於東華醫院的人選，港督有權作最後決定，故這個組織的七名董事人選，亦由港督作最後定奪。實際上，等於由政府遴選適當人選而已。法蘭些士起草的"華人保良會"的章程，是和行政局議員歐德理共同參訂。他們接納東莞紳商的建議，聘請"暗差"偵查拐匪一切活動。這是當時民間組織所沒有的一種制度，因為這種"暗差"實際上有執行警察職務之權。

關於在"華人保良會"內僱用暗差的辦法，法蘭些士有如下的草稿，該草稿經保良局譯成中文，載於保良局"文獻"之內，其文云：

所僱暗差訪事及司理人等，其工金由公局支理，該暗差由國家（按：應譯為港府）允准後，其權即如皇家差役一式，每名仍須由局具保銀一百元方能充役。此等暗差，專為禁止拐帶及緝拿拐匪而用，每日要將辦之事，稟報巡捕官。但巡捕官亦不得用該差辦別等事件。

東莞縣商紳入稟之時，提出給花紅二十元賞給報訊人，但本港於 1868 年已有賞格辦法，辦法仍是對報訊及出任指證者，在定案後賞給二十元。故法蘭些士認為賞格不必由該會撥款，他在章程草案上寫道："凡拐帶案件，其花紅銀，由按察司或巡理府定案時，即照例由國家公款賞給，毋庸公局動支。"

由於當時東莞商紳曾建議對被拐帶男女送回原籍，因此必須有一所建築物以收容這些落難的人，故法蘭些士在草案中建議建築一間收容所，作為這些人留居之地。對於無法遣回的人，需負教養之責；對那些良家婦女而不能送回原籍的，可以為之擇配，或設法使之自立。法蘭些士的草案，差不多已將今日保良局所負責辦理的事，都詳細列明。他將草案送給東莞縣紳商時，各紳商開會討論，當時由入稟人之一的馮明珊總理其事，徵詢各縣商人意見。

法蘭些士是英國人，英國當時是禁止買男為奴、買女為婢的，所以他的"華人保良會"的章程草案中，提到買婢之事，這又觸著了當時那些商紳的靈魂深處。原來當時的有錢人，都經常以賤價買窮家女子為婢，買窮家男童為僕的，他們的家中，都有這些買來的婢僕，他們期望是禁止迫良為娼，拐帶男女童出洋，卻料不到法蘭些士會把這些正在盛行於香港富人中的奴婢制度列入草案中，因此群起反對。於是，由當時一群富商，聯名上書給港督軒尼詩爵士，名為"解釋華人習俗"，實則是說明買女為婢與買女為妓有別，應該分開，該稟開頭的一段云：

具稟人代闔港華紳商民，招雨田、梁安、馮明珊、馮登、陳灼之、崔瑞生、胡浩泉、黃筠堂、郭松、黃澍堂、梁蠻坡、馮衍庭、彭逸圖、郭南屏等，為乞恩變通例意分別辦理，以順輿情，而恤民隱事：緣本港地近省城各處，貧民多有賣女賣男以求生活，因華官向無禁例，故歷久相安。近因有等貪利匪徒，假託買婢為名，轉販外洋為妓，碱砆亂玉，殊堪痛恨！去歲曾稟請憲台，求設保良公會，以其杜絕此風，董等嫉惡如仇，已可概見。至於買子承嗣，買女為婢者，則與此大相懸殊。買子者因後嗣乏人，欲藉螟蛉之繼。買女者緣家務繁冗，暫分操作之勞。幼時教養兼施，長大即行婚嫁，任其自便，無痛苦工役。各前憲洞悉中國民情，不得固拘例款。……

港商要求將買婢和買子的事分別開來，使保良公會的責任只限於對付拐帶人口及逼良為娼的人，他們給軒尼詩的呈文很長，不能盡錄。

由於法蘭些士所擬定的是章程草案，港督軒尼詩口頭上答應他們所請，說正式章程，當由英國殖民地部批准才算成為法律，著各位紳商先進行組織保良公會以壓止拐帶之風。於是盧禮屏和馮明珊等立即進行。

當時既未有會址，又沒有組織章程，怎樣進行呢？上文說過，盧禮屏和馮明珊等是東莞縣人，他們最初是請求當局協助緝拿拐匪，未預算到會成立一個團體來進行，及法蘭些士和歐德理奉軒尼詩之命研究這件事，西人認為娶組成一個團體方能辦事，故此盧禮屏和馮明珊，便召集全港紳商開會，研究組織社團

147

的辦法。

　　盧禮屏原是東華醫院總理，他於 1874 年就任，馮明珊也是 1872 年東華醫院總理，兩人都是有名望的殷商，因此拉攏當時東華醫院各總理參加共同組織，是很容易的事。當時他們推舉梁鶴巢為主席，並定名這個社團為保良局。至於會址，因參加共同組織者都是東華醫院的新舊總理，加上梁鶴巢是東華醫院創辦人，他提議保良局暫時在東華醫院內辦公，並將東華醫院內的 "平安" 樓和 "福壽" 樓的樓上，作為收容被拐賣的男女棲留之所。這樣保良局就立即能展開工作。考 "平安" 樓和 "福壽" 樓所在的位置，就是接近新街的地方。

　　盧禮屏和馮明珊在發起緝拿拐匪的時候，已集資籌得一年經費，新成立保良局經費已有著落，故進行得十分順利。該局在東華醫院內辦公後，首先聘請兩名 "訪事" 展開工作。所謂 "訪事"，就是負責到市面去記查拐匪及迫良為娼的人員，這兩名 "訪事" 展開工作後，果然揭發了很多拐帶案件。原因是，兩位 "訪事" 都是熟悉在東莞縣誘拐良家婦女情形的人，他們既在保良局受薪，揭發拐匪定罪之後，每一案又有二十元花紅，自然努力工作，故成績甚佳。在最初四年之內，平均每年揭發二百宗拐帶案，救出婦女及男童三百餘人，四年之內，保良局一共收容了 1,037 人。保良局初組織時，只籌得千餘元經費，這千餘元的資金，怎能支持四年的開支，又怎能養得起這一千多男女呢？幸而當時保良局的局紳，都是東華醫院的總理，保良局又設在東華醫院之內，不足之數，暫時由東華醫院借出，待保良局日後籌得款後，才還給醫院。

但是，由於保良局的章程還未正式擬定，保良局籌款不如東華醫院的順利。加上保良局在 1880 年時，曾籌過一次款，這筆款是作為興建局址之用，該款是不能動用來支付日常經費。因此到了 1884 年，該局局紳只好呈文給港督，要求政府補助經費。當時軒尼詩已經卸任返英，繼他來港任港督的，是寶雲爵士。他們的呈文經華民政務司轉呈。

保良局給寶雲爵士的呈文，全文如下：

具稟人保良局董事梁安、李德昌等，為局費不敷，乞恩設法籌費俾垂久遠而杜拐風事。緣董等於庚辰年五月十七日奉到燕前憲札諭，蒙國家恩准在港設局，保衛善民。歷庚辛壬癸四年，共計安置男女難民一千零三十七名，或擇配成婚，或資遣回籍，或招人撫養，或自主僱工，必使各得其所，萬民感領，邇遍沾恩。茲值仁憲福蒞於茲，更為嚴慎飭查私寨，餘力不遺，准察輪船，有奸必獲，務期風清弊絕，董等佩戴尤深。惟本局前時試辦，不過共捐得淨銀一千三百七十元，連利息銀一百四十四元一毫五仙，統計得銀一千五百十四元一毫五仙。核計四年之內，共需化用銀四千二百八十九元二毫二仙，除本局捐款利息外，悉由東華醫院借出。本局祇僱訪事二名，其餘管賬、鈔寫、工人，亦由東華醫院內之人幫辦，如此支出，恐難久持。

故於本月初一日晉謁仁階，乞求設法。荷蒙面諭，局中費用若干，稟明酌給。又蒙囑議例局紳黃勝與議例局商議撥款，應需建造保良局所。聞命之下，歡忻莫名。伏乞早日舉行，俾得源源接濟，垂諸永遠，盡絕拐風，則承荷怦懷。長叨樾蔭矣，上赴華民政務司大人，乞轉洋督憲大人爵前作主施行。一八八四年歲次甲申，二月廿一日。

當時任華民政務司的是駱克，此呈文由他轉呈港督寶雲爵士。

呈文中所稱這"燕前憲"，是指軒尼詩，因為當時中國文書均稱軒尼詩為"燕制軍"，"燕"即軒尼詩的第一音，這是當時中國翻譯們的習慣。文中又提到"本月初一晉謁仁階"，那是寶雲來港後第一次在總督府內接見全港華人領袖，日期是 1884 年 2 月 27 日，農曆為二月初一日。當時寶雲曾口頭上答應為保良局籌集經常費用，這呈文是因寶雲曾當面答允而寫的。

呈文中有"又囑議例局紳黃勝與議例局員商議撥款，應需建造保良局所"之句，這一句話，包含了很多曲折而有趣的事在內。

保良新街非保良局局址的原因

原來在 1880 年時，保良局曾要求軒尼詩爵士將現時保良新街一帶的空地，撥作保良局和華人商會的會址，這一塊地，當時是和大笪地連接的，通稱為大笪地。大家認為，該塊大笪地既與東華醫院為鄰，而且又是空置之地，正好用來建造保良局，但是未獲答覆。雖然未獲答覆，但因當時全港華人商紳曾經開會議決，簽名上書給軒尼詩要求撥大笪地興建保良局及華商會所，故當時全港華人，已認定大笪地近東華醫院的一段地皮，必屬保良局會址之地。當時又見工務局派員在此建造街道，丈量地皮，以為必然成為事實，因此把新闢的一條街道，稱之為保良新街。其實，當時保良局還未有局址，港府亦未批准該街近大笪地的地皮，撥給保良局。是以這條街，雖非保良局建局的街道，但一直被民間沿稱為保良新街。

原來軒尼詩於 1882 年初已經離港返英，由輔政司馬斯署理港督職務，馬斯對保良局要求把大笪地鄰近東華醫院的地皮作局址，自然推說要待新港督到任後才能定奪，便將建局之事，拖了幾年。

寶雲爵士是在 1883 年 3 月到任，他到任之後即將立法局擴大，增加非官守議員為五人，其中一人為華人，此人就是黃勝。上述呈文中的“議例局”即立法局，黃勝是華人立法局議員。當農曆二月初一寶雲接見保良局紳時，局紳再提撥大笪地興建局址之事，寶雲便叫黃勝和其他立法局議員研究。

誰知這樣研究又研究，討論又討論，一直又拖延了幾年，開成了新街的保良新街，被街坊叫了幾年，保良局仍未興建。

港府及英人對保良局產生猜忌

現在先談談初期保良局辦理緝拿拐匪的情形。保良局原是民間覺得拐匪猖獗，誘拐良家婦女為娼之風大盛，才捐資設立緝拿匪徒的，故此初期各局紳，都親力親力，每日由兩人輪值，在東華醫院的平安樓內辦公。

當時因經費只得千餘元，故一切從簡，只請了兩名"訪事"工作，"訪事"訪得拐賣婦女為娼之後，即向局紳報告，局紳即知會警方前去拿人，同時將被拐的婦女，帶到華民政務司去備案登記，然後送到平安福壽西樓內居住。初期的工作未見怎樣生效，因為兩位"訪事"不能直接入妓寨拿人及救出婦女故也。

保良局各董事因此在 1881 年 3 月 14 日，向輔政司要求發給保良局兩名"訪事"一條警棍、一隻警笛，以及各給一張憑照，以便能立即執行職務。自 1881 年 4 月開始，"訪事"有了證明文件、警笛與警棍，緝拿拐匪工作，便能順利進行。所以到了 1884 年，局紳請求撥款時，已在呈文中列出共救出男女難民 1,037 名，足見效力宏大。

現時常常聽到保良局嫁女的消息，保良局嫁女的制度，是該局建立之初，就已經實行，因為成立保良局的目的，是緝拿拐匪與安置被拐的女子。救出的女子，暫時安置在保良局內，如果確知她們的鄉中地址，就給予船資，送她回原籍，與親人團聚；如果沒有親人在鄉間，或不願返鄉的，保良局可徵求她的同意，為她做媒人，嫁與殷實的人為妻。故保良局嫁女，已有一百年的歷史。[15]

保良局自 1878 年成立，到 1887 年，十年來既未有局址，又未有正式的章程，但是每年各局董，仍然繼續工作，實在是非常難得的，因為出任局董，要輪流值日，經費不足，又要捐資應付開支，他們的工作，異常艱巨。到了 1890 年，保良局向東華醫院借支的經費更為龐大，於是又要求政府撥款。不料當任華民政務司在覆函內，提出兩點意見：第一是展開募捐，向公眾捐款；第二是，今後保良局一切開支，要由華民政務司簽字才能作實。

華民政務司的意見，無異對保良局的開支表示不信任，他既不要求政府撥款支持保良局經費，叫局紳

15　編者註：保良局最後一次嫁女是在 1971 年，之後便停止了此類的領婚服務。

向公眾募捐，又要今後的開支，要他簽字才能作實，使全體局紳及東華醫院各總理都大為不滿，他們一面集議募捐，一面會商反對華民政務司駱克的建議。

1890年的募捐經費通告，有如下的敘述：

保良公局之後，所以除暴安良也，溯自戊寅之歲，由東華醫院創興，遞丁亥年，庶務日繁，乃集眾妥籌設局分辦。自是挽顛連以完骨肉，懲拐騙以安善良，雖屬未有全功，亦似不無少補，此即自近而遠，眾口一詞，總由東華醫院諸善長以及歷任同人，無不和衷協力，是以雖百年亦如一日耳。

無如局中經費，自開辦至今，俱由東華醫院支理，費力已甚，究非良善之方。刻下同人屢承華民政務司憲面囑開捐，今又接華民司憲來函，速催同人集議創捐，刻不容緩。以故迫得集諸眾紳合籌良策，總期從速舉行，以得早完善舉。今欲一經開捐，即隨捐隨收，所有銀兩歸東華醫院權理，以昭慎重。

惟政務司憲意見，欲於將來動支經費時，請他簽字。現據眾人之意，似此甚費轉折，經再三籌度，莫善於仍照東華醫院向章，凡有支用經費銀兩，由保良局董協同院紳知見簽名，便宜行事，此則最為妥善。在列公高明意見如何？請祈酌示。其得例款，當俟開捐後再行請教。

從上述1890年的募捐通告內可以看出，當時港府對勞苦功高的保良局局董採懷疑態度，華民政務司駱克要控制一切開支，使東華醫院院紳和保良局局紳都表示不滿。

這裏應該說明一點，就是東華醫院的組織，原是由華民政務司所轄，故華民政務司是有權檢查賬目的，但不是一切開支都要他簽名。同時要說明一點，東華醫院最初組成時，醫院除了作為華人醫院之外，並有收容華人難民之用，所以當保良局初成立時，院紳肯撥出平安及福壽兩幢樓宇作為收容婦孺遇難者之用，這是因為東華醫院院紳，自覺有此種責任。誰知局董和院紳反對駱克的意見，此後即引起軒然大波。原來，保良局的章程，自 1878 到 1890 年，仍未確立，所有的章程，都不過是草案，局紳是根據早期由法蘭些士和歐德理的草案辦事，但同時局紳所修正的草案很多，這樣一來，在法律上就產生很多矛盾。保良局根據線人報告，捕獲不少拐匪，從妓院中救出良家婦女，過去一直沒有問題發生。但到 1890 至 1891 年，問題出現了，很多拐匪和妓院的鴇母，延請律師出庭辯護，律師根據法理，指責保良局是個不可信賴的組織，又指出局方拘控被告不合理，法官是根據法律來判案的，在辯護律師引經據典辯護之下，這些拐匪大多數無罪釋放，這還不算嚴重。最嚴重的是，很多西人受辯護律師的辯詞所惑，對保良局有所懷疑。

當時本港執業律師多為西人，拐匪及鴇母就是利用他們來港不久，未明當地情形，委託辯護。拐匪固然已逍遙法外，最大影響的，是很多未明真相的西人，竟對保良局的宗旨有所懷疑。他們從表面現象去看問題，根據上年局董反對駱克簽字開支經費，及根據各案的辯詞，以為保良局的局董，常常誣良為拐匪。

由於很多案件的拐匪逍遙法外，保良局局董便聯名向華民政務司駱克，促他正視這一件事，1891 年 12 月 1 日（辛卯年十一月初一），他們致函給駱克云：

……歷屆紳董，莫不仰體國家厚恩，拯救被拐男女，自屬不少。然欲救被拐，是必嚴辦拐徒，相輔而行，庶幾拐風稍靖。無如局中間有拘獲拐匪，送呈巡理府憲究辦，彼匪則逞其蛇蠍之術，糾其狼隊之雄，延請律師，揣摩成例，乘瑕抵隙，轉是為非，捏造供詞，上堂力辯，致使堂憲秉公按例無法。董等類皆生意中人，設使成例，稍有未諳，遇此等事，斷難措辦得手，豈不是上承憲委，竟負憲恩？下受眾推，致乘眾望？竊維憲台洞悉中國民情，所有被拐男女送案，罔不保護周全，用懇詳請督憲大人，將前定章程變通盡善，務使奸拐無所施其伎倆，則拐風漸息，而男女叨安，董等不勝感激之至。

這封信的用意，是因局章未正式立法，致令拐匪逍遙法外，請求確立局章而已。

料不到這封信轉至當任港督羅便臣之後，羅便臣竟宣佈成立一個調查委員會，調查保良局的狀況。原來，駱克在 1891 年 12 月 1 日收到這封信時，港督威廉德輔已返英國，新任港督羅便臣又未抵港，故不答覆。羅便臣是在 1891 年 12 月 10 日到港履新的，他看見那些別有用心的人向西報投函指責保良局的不是，又再審查過駱克曾要求保良局的支出數目，必須駱克批准一事，但又遭保良局反對而因此懷疑起來，便宣佈組織調查委員會，要調查保良局了。調查委員會由駱克任主席。考調查委員會的制度，早在 1858 年 5 月 20 日時已創設，當時因總檢查官安士迪彈劾華民政務司高和爾，港督寶靈曾組調查委員會調查，但正式成為法津，遇有疑慮問題而設調查委員會進行調查，則是 1886 年頒佈第十三號法例開始的。根據該條例，調查委員會有權命令任何人到庭接受查詢，拒絕接受查詢，即屬違法，故調查保良局之委員會成立之後，便通知保良局局紳，到會接受查詢。這樣一來，頓使各局紳大起反感，但礙於法律規定，只好應邀前去。當日由局董韋朗山先去調查委員會報到，怎知調查委員會幾個委員，態度就似法官審問犯人一般，所問各事，跡近侮辱。因此韋朗山離開調查委員會之後，立即召集局董，將接受詢問時的情形說了出來，各局董原已反對調查，再聽韋朗山報告後，立即決定集體拒絕接受調查。

　　當下由局董韋朗山、劉芸階、伍斗山等十人，寫信給調查委員會主席駱克，表示拒不出席接受查詢，該信寫道：

> 事緣有人向當局指陳本局辦事有私，於是當局組織“稽查保良局委員會”審查本局內情，時在一八九二年（壬辰）夏日。

> 局董以稽查委員，對局事認識不清，有偏聽之處，爰將局務經過，呈該委員會主席駱司憲，以正視聽。該呈文所述者，即為本局成立初期之情形，可作本局文獻。

> 據局志載，一八九二年壬辰年閏六月，該委會著舊任局董於廿八日上午五時到議政局面訊。但局董以既有局中詳情書面具呈，則無須出席，乃由局董韋朗山、劉芸階、伍斗山、陳璧泉、譚傑卿等十人具函駱憲，聲稱決不出席。如對局事未盡明瞭，可用函詢。茲將局董具陳局務經過之呈文，錄下……

在保良局諸局董而言，很明顯認識到西人攻擊保良局，是由於辯護律師為拐匪及迫良為娼者辯護時所起的錯誤引導，令到不明真相的人，誤信保良局的“訪事”有誣良為拐罪之嫌，而主要的原因，是當時並未有經過立法程序的保良局章程，當局不去堵塞這些漏洞，卻先接受攻擊者的指摘，而讓委員會調查。調查委員又視局董為“誣良為拐”的一分子，語多不經，態度惡劣，故引起全體局董不滿，決定拒不出席，只把過去該局辦事的情形，以書面向調查委員會報告。

其實當時保良局既未有本身的局址，又經費不足，局址與經費，都由東華醫院借出，是否辦理不善，有東華醫院同人見證，實在無須調查，只因羅便臣到港不久，不明真相，認為西人社會既對該局懷疑，自應調查以示公正，不知這一來，反而助長了拐帶之風。

本港歷史上有很多此類不實際的調查委員會，其中以調查貪污事件的最易產生反效果。調查保良局當時產生的反效果，使真正的拐匪吐氣揚眉，逼良為娼者可向妓女恐嚇，私娼又活躍起來，包庇妓寨者更公開收規。調查委員會各委員，完全忽視了他們在社會上所產生的惡劣效果，反而以為自己是"包青天"。

於是，引起保良局各局董更加不滿，他們立即聯名向港督辭職，這件事便鬧大了。

全體局董於 1892 年 8 月 6 日（壬辰年閏六月十四日），託韋寶珊親自將辭職信遞給港督羅便臣爵士。原文極長，但頗有價值，現分段評述於後，該呈辭信第一段云：

敬稟者：竊本局創辦至今，屈指十有餘年矣。先後董等承繼前任，竭力維持，其中保護被拐婦孺，及查獲拐匪解案，積數頗鉅。乃近年以來，保護非不求全，而被拐之婦孺日眾，查拐非不竭力，而拐匪之縱恣逾常，則以每獲男女拐匪，送請華民政務司憲察核，發送巡理府憲審究，乃匪等動輒邀請狀師上堂力辯，僥倖釋放，因之延禍無窮，實堪痛恨。……

可見當時拐匪猖獗的原因，不在保良局管理不善。

保良局董全體請辭的呈文，第二版云：

董等已是去年十一、十二月間疊次稟懇華民政務司憲，詳請憲台設法變通成例，以期杜絕拐風在案。董等之所以再接再厲，任勞任怨，必斤斤力圖整頓，未嘗畏難而退者，良以本局初基，係由國家（按，即港府，下同）愛戴斯民，保護被拐婦孺，及查緝拐匪解案而設，然則一切公件，應憑列憲實力主持，始能興利除弊，尤須董等悉心辦理，務期崇正黜邪，否則董等辦理不順，列憲懲辦不嚴，均無以酬國家，又何以對英主？所以董等非有爵秩之膺，俸祿之受，不過承闔港紳商推舉，捐貲辦理，而仍須好義急公者此耳。

即如去年春夏之交，董等以局用支絀，舉行勸捐經費，只為顧全大局起見，乃方率捐有成數，不意謠諑橫生，旋謂董等勒捐，又疑本局為私局。夫本局既奉國家核准而設，屬公屬私，自可無庸致辯。至勒捐一節，業蒙秦鏡高懸，今委員稽查，已偵查數日，毫無證據。且既須稽查本局，則指稱本局勒捐者為原告，而本局即為被告，按例必須原告有所指陳，而後被告有所答覆。今則稽查已久矣，試問原告何所指陳乎？被告何從答覆乎？乃執意原告茫無指陳，而偏要被告之答覆。日前竟致函邀本局該任主席赴議政局面陳辦理情形原委，幸陳言不誑，得免排擠，然而董等雖愚，竊不解此，而正有以解此也。

這一段陳詞，已漸有火藥氣味。

當時調查委員會的確是把保良局各董事作為"疑犯"來審問，令到各局董大為憤怒，故在呈請辭職的呈文中，不客氣地直示其非，指為不分皂白，不合情理。呈文中的第三節，更為精彩：

蓋董等生意中人，素不諳例，加以百務繁冗，寸陰是惜，如赴議政局聽候摘詢，則必阻誤多事，耽誤多時而後已，惟稽查者深知如此，故意行之，以希冀董等詞意之躁亂，而遂其傾軋之偏私，種種居心，甚非公當。設謂不然，則董等早已將辦理本局先後情形，繕函呈問。該委員即有未盡洞悉，自不妨函覆抽問，董等豈能不以實對，顧何必拘拘於傳問哉！此董等所以再不赴請，祗許文函回答，職是之故。

乃文於巡理府署歷翻經涉本局舊案，以為必有疏失。策念本局之設，不過贊裏保護，董等之廢時失事，並捐貲以辦局務，亦不過好行方便，勉為國家效力，祗期眾庶咸安，究竟聚散存亡，有何關礙？此董等亟欲槀布愚忱，不自今日，但仰體憲台忠愛互德，故姑作隱忍之懷耳。

原來當時調查委員會，堅持各董事親自到行政局接受詢問，同時又翻查過去巡理府所審過的拐帶案件，認為很多案件可疑，局董認為這樣調查，簡直是胡鬧而兼含侮辱之意，因此直斥其非，作為辭職理由之一。

但這還未十分激怒各董事，最使他們憤怒的，是一件鍾垣案。

"鍾垣案"

鍾垣案是當時一件涉及保良局的案件，這件案原本是一件極普通的難民案，事緣 1892 年 7 月 24 日（光緒十八年壬辰閏六月初一）有四個被漁船在海面救起的難民，送來香港，當時本港並沒有救濟難民的措施，所有難民一經抵港，不是由東華醫院收容，便是由保良局收容，當天便由保良局局丁，把四個難民送到保良局去，暫時收容在局內。

保良局值日董事，對於被漁船救起的難民，一向以遣送回原籍為宗旨，因為立即遣送，只付出有限的旅費和幾天伙食費，如果不遣送，便要付出更多的費用，又要佔住有限的地方。故此難民入局，首先就由局董向難民逐一詢問他們遇難的經過，以及來自何處。這四個難民，一個叫關松，一個叫江昌，一名鍾垣，一名黃勝，關松和江昌供認是省城人，因赴東莞經商，半途遇賊劫，被賊拋下海，後被漁船救起的，保良局便發給伙食費，並替二人買了船票，即晚便送二人下省港船，遣送他們返廣州。至於鍾垣和黃勝，在審問時卻互爆內幕，鍾垣指黃勝原名溫田，是個拐匪，只因船隻遇風，在港外沉沒，船上各人皆溺死，只有他和黃勝抓住了浮木，幸未被溺，後為漁船救起。誰知黃勝又指責鍾垣是拐匪，鍾垣與黃勝互相指責為拐匪，保良局董事便將二人交給華民政務司，轉解巡理府受審。這件案於次日（7 月 25 日）開審，法官將此案押後再審。

法官既將案押後審訊，鍾垣和黃勝，便交由警方看管。不料警方中那些包娼庇賭的洋警官，認為這是留難保良局紳的好機會，便到東華醫院的平安樓去，向局董諸多查問，務令各局董非常難堪，使他們十分憤怒。

原來保良局初設之際，曾使拐風靜止過一個時期，破了很多逼良為娼的罪案。這些對社會有利的行動，卻使那些包娼庇賭的貪官不舒服。加上保良局所聘的"訪事"，實際上有行使警務人員職務之權，這就更加令到警方中的貪官不滿。當時教唆拐匪及鴇母延聘律師辯護的人，正是這些貪官。散佈謠言、說保良局是"私局"而不是合法的"公局"，以及誣陷保良局指良民為拐匪，也正是這一群貪官。鍾垣一案落在他們手裏，正好借題發揮。當時洋警官向法庭報告，說不相信保良局局董所說的話，局方說當日有四名難民，如今到該局調查，並無關松江昌二人，局方說已將江昌及關松遣回原籍，只是搪塞虛報之詞。同時又指責保良局的"訪事"權力太大，是做成弊端的原因，這些"訪事"有捕人之權，往往會陷害良民。洋警官要求法庭，傳保良局局董出庭接受詢問。這樣一來，令到保良局局董忍無可忍，但又不能不出庭作證。不料在法庭上，又被洋警官諸多奚落。試想，局董出錢出力，無非為社會謀福利，以盡保民安良之責，吃力不討好本在意中事，如今反被視為危害社會安寧的人，孰可忍受？

故在辭職信內，特別強調這次受辱的經過，可以說，真正促使他們辭職的，還是警方對鍾垣一案的態度。辭職信其中一節云：

詎本月初一禮拜日，據局丁查獲華民四名，內除關松、江昌兩名，遞求資遣回籍外，其餘一名鍾垣、一名黃勝"即溫田"，據供互指拐帶，不決是否屬實。禮拜一日，當經將鍾垣、黃勝送請華民政務司憲察核，依法辦理。後華民政務司憲，飭將鍾垣、黃勝轉解巡理府憲，審訊押後。乃府憲疊委英差來局，並往東華醫院查驗多端，嗣後票傳董等赴案，其知者尚以為趨公，不知者將以為犯罪。似此辦理，大體奚存？且疑駁之餘，語多申飭，並謂不係有四難民，實係兩難民而已，指局董的言，不過搪塞云云。豈知所經資遣之難民關松、江昌，即於該禮拜日由東華醫院發給船票遣搭保安夜輪船上省，而本局亦有簿籍登記難民，來去緣由日期，均可查驗，奚得以有為無？

府憲又謂：局差不能當捕役之職，更不應將犯送往新民政務司憲，惟須經解府憲以聽公斷等語。夫局差不能當捕役之職，則設差何用？且本局差丁，係由更練之職撥局聽用，向有截拿人犯之責，信如府憲所言，則本局前奉理藩院頒發局章十七款，悉屬具文，將焉用之？至本局所有男女難民拐匪，只係送請華民政務司憲主斷發落。況局董與巡理府各員，向無交涉事宜，亦因言語不通，故免諸多轉折。

保良局全體董事辭職信的最後一節，有如下的充滿火藥氣味的詞句，讀之可見當時各局董的心情，是何等憤怒：

至於府憲以例定案，應辦與否，自有權衡，固無須董等旁參末議，何必因事作難，吹求苛擾至於此極！誠非董等之愚所堪辦此！良以本局觸人嫌忌，固知不免，必欲勉強維持，因循趨事，恐官荊勳棘，勢屬難行，理合稟懇憲台，恩准本董等稟辭，仍請另簡賢能接辦……

由此可見，當時促使保良局同人辭職，鍾垣一案是近因，調查委員會的調查是遠因，而更重要的原因，是他們在無合法章程、無合法局址兩大原則下工作，出錢出力，任勞任怨，所得的結果，是被人奚落及當作犯人般對待。辭職信由韋寶珊親自到港督府，遞交給羅便臣港督。羅便臣收到辭職信之後，知道事情的嚴重，當時他來港已有幾個月，對香港的情況已漸漸了解，發覺所有誣告保良局辦事不當的人，都是別有用心，因此便約見當時華人代表何啟，請他斡旋這一件事。

何啟是當時有影響力的華人領袖，他一方面挽留保良局各董事，另方面向調查委員會建議，接納保良局提交調查委員會的報告書，同時，他在立法局上，建議政府應立例保障保良局，使之成為一個公共福利機構。又建議政府撥款撥地，興建保良局局址，更建議政府負擔保良局的經常費用。這一連串的行動，遂把辭職的局勢挽回。

調查保良局委員會的報告書，亦於稍後呈交港督羅便臣閱覽，該報告書基本上是接納保良局董呈交的報告書，故調查委員會的報告書，肯定了保良局在香港所擔任保赤安民的角色，否定一些無根據的誣告，並建議政府訂立章程，使該局為一合法社會團體。

故立法局於 1893 年 6 月 26 日，通過《保良局組織條例》。該條例對於“局差”的地位，有特別的規定，以免警方對他們的工作不予合作，或視之為濫用警察權力。條例中的第十八條，有“調用警察”專章，載云：“一、督憲得指派警察及更練為本社團調遣，但其調遣，得遵照督憲指令辦理。二、該警察及更練等，應經常向警務處長報告其處理經過。"就是說，保良局的暗查和訪事，名義上都是由港督特別派駐該局的，因此他們可充分行使警察的權力。同時他們又屬於警務處長轄下的人員，經常要向警務處長報告工作情況。

這一條非常重要，它的作用，使那些包庇娼妓的警官，不能再藉口指責保良局差人越權，並給予保良局差人有廣泛的搜捕拐匪的權力，他們有權到妓院去調查。假若有妓女是被人賣落河當娼，當調查妓院的保良局差到妓院時，就可以挺身而出，向保良局差投訴。因為保良局差，名義上是由港督指派，直轄於警務處長，各級的警官，都不能干涉他們的工作。自從訂立章程之後，保良局的工作就可以展開。

日佔時期的保良局

1978 年保良局一百週年紀念時，該局曾在大會堂舉行慶祝展覽，展出的歷史文物中，有一張由日本賞勳局發給保良局的獎狀，另有一面銀碟，這兩件文物，足以說明保良局自 1893 年訂立條例後，能充分發揮保赤安良的工作。

原來自保良局的局差得到法定的地位後，局差有充分的權力調查拐匪及妓院。自 1893 至 1898 年這五年間，緝捕拐匪不少，救出的被拐者更不少，其中救出的中國婦女，更難以計數。有代表性的工作，就是在這五年之中，曾在妓院裏救出四十多名日本女子。這些日本女子有些是在日本，被日本壞人拐帶來港，賣給鴇母當娼的；有些是被妓院中人，以甜言蜜語誘來香港自願當娼的。那些自願當娼的日本女子，供出她們因誤信來港當娼如何如何的好收入，環境又比日本的妓院為佳，怎知來到香港，環境差而又收入不如理想，等到想返回日本，又沒有旅費，而且被惡勢力控制，寸步難行。假如不是遇到保良局局差到妓院去查案，她們就永淪苦海，設訴無門。在這五年間，保良局先後救出四十餘名日本女子，通過日本駐港領事的安排，遣送她們回國。因此日本政府特別送來一面銀碟和一張獎狀給保良局，多謝該局營救日本婦女。當時是明治三十一年五月十一日。獎狀與銀碟現仍保存於保良局內。日佔時期，這兩件文物曾起過重要的作用。

1942 年日軍統治香港之初，對華人團體多採歧視態度，但對保良局則特別給予資助，原因就是日軍到保良局去“視察”時，看見賞勤局給保良局的獎狀和銀碟，知道該局曾救過日本女子，故不敢妄動。後來磯谷廉介巡視保良局時，更特別吩咐屬下，對保良局的糧食和經費，給予特別照顧。

懸而不決的局址

從保良局的工作，能惠及日本女子，可見經立法後能發揮該局的功能之成績。現在再談保良局長久未能解決的局址問題。上文說過，最初保良局要求大笪地作為興建會所之用，當局口頭上亦答應，但是後來又收回成命。收回大笪地不許興建保良局局址的原因，原來有一件內幕，這是 1881 年時的事。

1880 年，保良局已申請以大笪地建保良局局址，又得當局答應。但是，當時由於華人來港投資地產不斷增加，加上很多初期來港經商的西人，發現上海比香港更有發展，便將物業售與華人，於是華人將這些物業拆建，建成華人屋宇。由於華人屋宇是由西人物業改建而成的，因此那些原屬西人住宅區的地方，就住了很多華人。當時西人普遍有種族歧視觀念，認為華人身上有一股臭氣，實不適宜與他們為鄰，所以西人都反對華人侵入西人住宅區，要求制定法例，阻止華人屋宇發展，但是華人業主亦針鋒相對，指他們不合情理。這件事鬧大了，鬧到上英倫，英倫便派一位皇家工程師來港調查。

1881 年倫敦殖民地部，由金巴利伯爵任部長，他派來的皇家工程師名叫柴維克，這是本港歷史上有名的"華人屋宇調查"事件，因為自柴維克調查之後，影響本港唐樓的結構極大。柴維克當時來港調查，認為中國式樓宇通風設備不足，居住環境惡劣，主張修改華人屋宇的建築形式。他來港本是調查華人屋宇狀況，卻對大笪地撥給保良局興建局址一事，橫加干涉，他反對這一件事。原來柴維克認為，當時華人聚居於荷李活道、水坑口、太平山街一帶，環境極為惡劣，大笪地是該區的一處"平民夜總會"，該區華人到大笪地來消遣，大笪地是該區的市肺，如果再建上建築物，則這一帶的居住環境更為惡劣。他要求保留這一塊市肺，因此當局就收回成命，不准保良局在大笪地建局址。

柴維克的意見，用現代居住環境的標準看來，是十分合理的，但在1881年時華人觀點看來，就覺得他太多事。因此保良局見要求大笪地不成，便要求將現時新街的一幅地皮，興建局址，當局原則上答應了。但當局認為，保良局實在無須用當街之地作局址，這幅地皮，可以建屋，樓下可作舖戶，租給人家，樓上可作保良局之用。當時局董亦接納，但是，當興建屋宇的時候，發現樓下是舖位，樓上是局址，工作殊屬不便，加上如此結構，租與他人，租值必不能高，因此樓宇雖已建成，局務未遷入。

這就是新街又稱保良局新街的原因。到了1892年調查保良局事件結束後，保良局既為法定的團體，根據《保良局組織條例》，該局必須有局址一所，因此局董再要求政府撥地興建局址，並且要求政府承擔建局的經費。

當局本來不能拖延，但當時地價極貴，政府每年賣地所得，收入極為可觀，故仍取拖延態度。東華醫院方面，平安與福壽兩樓，樓下本屬病房，樓上才是保良局難民的宿舍，但自保良局成為立案法團之後，救出的難民甚多，病人投訴日增，指樓上的難民，擾亂他們的安寧。醫院的總理，亦覺得保良局需要遷出，因此建議將廣福義祠的地段，撥作保良局興建局址之用。

當局見東華醫院既肯將廣福義祠的地皮建保良局址，自無反對的理由，立即批准。但是，東華醫院值理，誠恐當局以後就不替保良局找地址，所以在批准之後，立即入稟港督，聲明廣福義祠的地址，係屬東華醫院的地方，目前只屬借給保良局，將來政府必須另覓新地皮，興建保良局址。當保良局新址興建之後，這一塊地皮，仍歸東華醫院使用。這塊廣福義祠皮，在東華醫院對面，位於太平山街，即現時廣福義祠所在地。目前太平山街的廣福義祠，牆下仍有一塊石刻，這石刻寫明，廣福義祠即保良局之局址。立碑的人，是當時的華民政務司駱克。

保良局局址於 1896 年建成，落成之日，刻一碑記留念。《倡建保良公局碑記》，碑文如下：

蓋聞保全善類，乃仁者之用心，良法久行，貴善承以持後，此保良局之設所由來也。溯立局之初，在戊寅歲始，其時誘拐婦女幼童出洋販賣者不知凡幾。前時董事等目擊時艱，不忍坐視，爰稟請國家批允設立此局，名曰保良。第其時未有蓄積，凡局中經費，俱由各董捐囊義助，以為保護良民起見，而日久事繁，捐出者未免漸形短絀，將有不敷之勢，而東華醫院眾善長與文武廟街坊各善商，知其局有益於人也，於是樂借平安福壽兩樓為棲止難民之區，年中又借撥公款以充動用，故一向得以力行不息，然此雖出自列善士之樂款，究屬權宜辦理，總非長久之計。

乃辛卯年爰集同人，為商久遠之謀，廣勸捐金，旋蒙各善信俱歡喜樂助，約得銀三萬餘元之譜。又蒙東華醫院紳批允借院地一段，即舊習醫之所，為建局基址。而國家經飭委員再四查核此局向來所辦事宜，均協妥善，港督憲遂詳請理藩院酌定例則，給與董事遵行。俟頒例後，更樂撥給經費銀二萬元，玉成其事。惟近世人心不古，恐有刁頑婦女，藐法棍徒，故向成例內取巧而施其狡獪之謀，但我輩同人，唯愛人以德，亦必細察防範，務須格外委曲，可以保全者協力保全之，庶於避事有裨益。

第將來善願無窮，勢必愈推愈廣，恐現目之蓄積，亦有支持不敷者，諒仁人君子知此局之有益於人也，勢必樂為繼起以承其後，不惜捐助，更為久大焉，是所厚望矣。大英一千八百九十六年十一月十三日光緒二十二年歲次丙申孟冬穀旦。保良公局同人泐石。

這塊石碑，現在尚保存在保良局內，不過碑文因經歷百年，字體已有些殘缺。保良局內，另有一塊殘碑被保存，這塊石碑，是 1896 年保良局局址落成時，由當任港督的威廉羅便臣爵士主持啟用禮的紀念石刻，碑文上為英文，下為中文。其中文云："一千八百九十六年十一月十三日，本局得慶落成，復蒙督憲羅大人蒞臨親啟局門，以重視此舉，爰泐數語志盛典也。丙申十月初九日，保良公局當年董事等敬泐。"

從這塊碑刻，可以證實保良局的第一間局所，是在 1896 年 11 月 13 日啟用。至於現在保良局的局址，是在禮頓道上，到底是什麼時候，才遷往禮頓道的呢？

保良局遷往禮頓道

原來建於太平山街與普仁街之間的保良局，面積極細，只屬一座兩層高的小樓宇，香港人口自 1896 年以後，逐年增加，保良局收容的被拐婦女和男童，亦逐年增加，到了 1930 年，已不敷應用。當年保良局總理譚煥堂、區紹初、陳鑑坡等，要求當局撥地興建規模較大的保良局。

他們提出要求的理由極為充分：第一，是舊局址只屬借用東華醫院的地皮興建，到底並非永久局址；

第二，局址太細，不足以收容日漸增加的難民；第三，當局曾答應撥地建址，現在是履行諾言的時候。故 1930 年，他們曾入稟給當任港督威廉貝璐，請求撥新址興建新保良局，貝璐便批准將禮頓道一幅地皮，作為保良局永久局址。

港督貝璐亦覺得保良局必須擴充，因為當時本港已設立兒童法庭，而本港又並無兒童拘留候審的地方，法律界人士在無可奈何之時，曾要求暫將候審的兒童交由保良局看管。

本來保良局並不是拘留所，但是保良局有保赤安良的責任，很多被迫為娼妓的婦女，都是先住在保良局內，等候上法庭指證被告的，它無形中有等候上庭作證的性質，故此當兒童法庭審案未結之時，法官多主張將兒童送入保良局內看管，保良局只好接受。

根據保良局所存的歷史文件，其中有給當局的一封信，是由局董署名發出，表示保良局雖然接納法庭的命令，但必須聲明，保良局不是拘留所，不能保證候押的兒童不逃走，以免一旦他們逃去就說保良局辦事不力。這是申明責任問題的一封信。這封信亦證明當時保良局負起了作為兒童拘留所的責任。現時禮頓道保良局內，有《遷建保良局緣起碑記》。該碑記全文如下：

保良公局，創始於遜清光緒丙申，原址普仁街七號，蓋假地於東華醫院而結廬其上者也，迄今三十有六年矣。居湫隘，蹙蹙無所容，數載以還，蓋其事者僉議遷建而難其地。民國十九年夏，忝以煥堂等承乏，用紹前志，相度於此。以上聞，報曰可，給地八萬餘尺。然絀於資，迺沿戶勸募，越一月，集七萬餘金，何爵士曉生，西人祖霎先生，聞而慨捐各三萬金。何爵士夫人麥秀英一萬金，以彰其母，林福池女士一萬金，以名其夫。於戲！孝思之則，順道之正，殆有今昔同軌者乎。邦人君子，亦輸將有差，於是先後共集一十七萬餘金矣。鳩工庀材，經始用亟，二十年春三月，總督貝璐奠厥基，會煥堂等將竣任辭，政府士夫堅使留，繼不獲已，因竟其成。迨二十一年春三月四日，貝督憲復臨啟鑰。計全院縱一百尺，廣一百九十尺，覆地一萬九千尺，容婦孺可三百餘人，方原院倍其量有半。建築費十萬，存七萬餘金，舉以購產充常年經費，仍籲請政府歲給津貼七千金，以維久遠。復報可，眾若曰，亦可繼矣。是微。

貝督憲、輔政司蕭敦、華民政務司夏理德、副華民政務司活雅倫之所成全，周壽臣、羅旭龢、曹善允三代表之所扶掖，諸縉紳先生，暨本局前任總理，永遠總理之所輔弼，仁人善士之所捐輸不及此。深仁厚德，諸難婦孺，當頂踵百拜不敢忘。煥堂等手足之烈，夫何有焉。語曰：可久之謂業，於今乃啟之矣。後之賢者，因其張弛之道而發揚光大之，亦庶乎其不朽也。中華民國廿一年三月四日，岡州建邦區維屏敬書。

從碑記上可以看到，當時有西人捐款三萬元，共籌得十七萬元善款。碑記中的輔政司蕭敦，就是修頓。修頓球場就是以他的名字命名。

　　保良局新建成時，並沒有今日那樣宏偉，現時的保良局內很多建築物，都是戰後才逐年加建的。考當年只用去建築費十萬元，尚存七萬元，保良局當年總理，將這七萬元購入譚臣道 17、19、21 號三棟樓宇，作為收租擴充全年經費之用。這是該局首次擁有自己的物業。至於保良局的經費，自 1878 年該局成立，至 1931 年這四十多年當中，都是由該局董事（後改稱總理）解囊捐助，以及向各界捐募支持，保良局婦女在局內學習手工藝，每年都有手工藝品出售，用以支持經常費用。港府在初期，對該局的經費可說完全不撥款。

　　到了 1932 年，新局址成立後，經費開支更大，總理們要求港府支持經費，在修頓協助之下，才得到第一次的撥款。修頓當時是輔政司，他是兒童遊樂場的發起人，是他主張政府撥款給保良局的。由 1932 年開始，港府撥款七千元支持保良局經費，以後逐年增加。到了戰後，1947 年時，港府撥款給保良局，已增加至三萬元一年，到 1967 年，已增加了九倍，為二十七萬多元，但各界捐款的數目，遠比政府撥款為多。政府的撥款，只能維持該局經常費用的一半而已，仍須依賴各界大眾的捐款支持。

屈地街與煤氣公司

英國煤氣工程師屈地來港

港島方面有條街道名屈地街，位於石塘咀區。它的位置是在德輔道西和皇后大道西之間，是一條並不很長，亦不很闊的街道。

這條街道以"屈地"為名，英文寫作 Whitty，顯然是一位西人的名字，這位西人到底是什麼人呢？是一位高官？是一位爵士？原來都不是，他是一位工程師而已。

本港初期以人名命名的街道，多以英國將軍、港督、輔政司之名命名，甚少用一位工程師的名字命名，特別是商業工程師的名字更加不易。屈地是少數中的一位。

原來屈地是本港煤氣公司創辦時期的工程師，他是第一位改進香港人的照明工業和燃料的工程師。因此用他的名字，命名這條街道。

1862 年，倫敦煤氣公司認為香港應該有煤氣供應，方能成為一著名的商埠。當時香港的版圖，剛由額爾金向滿清政府取得界限街以南的一大片土地，倫敦煤氣公司得到鼓勵，認為在香港設廠，大有前途，因此便派工程師屈地，來港進行研究。屈地在英國，是一位著名的煤氣專家，他奉命來港，先作調查，研究香港地理環境是否宜於設廠生產煤氣，以及研究煤氣供應是否有前途。在當時來說，這項工作是相當難於展開的，因為一切儀器和科技，都沒有今日的進步，而煤氣公司又是商業性的公司，能獲得政府協助的地方是很少的，但屈地並不認為困難，他毅然接受這一任務，帶同工作人員來港。

1862 年時的香港，德輔道和干諾道還未填海而成，那時香港的海岸線，只在德輔道的南邊，主要的馬路，仍然是皇后大道，屈地來港進行工程研究時，首先研究煤氣廠應該設在何處。自中環到西營盤一帶是人口密度最高的地區，煤氣廠決不能設在人口密度高的地方，因此可以考慮設廠的地方，只有西營盤以西的一帶地區。

當時薄扶林道已經和皇后大道西連接，可考慮建廠的地點如果離開住宅區越遠，則裝設煤氣管的費用就越多，因此屈地就選擇了在薄扶林道口以西的皇后大道西一處較平整的土地，作為煤氣廠的廠址。該處是開闢皇后大道西至山道口一帶道路時的海岸邊一塊平坦的荒地，前面臨海，後面就是皇后大道西，在地理環境來說，是最理想的設廠地點：第一，煤氣所需的煤可從水路直接運到廠前；第二，該處離薄扶林道最近；第三，薄扶林道離般咸道和堅道最近，當時西人住宅區多建於堅道和般咸道上，這些西人是主要的客戶。因此就決定以該處為廠址。

　　屈地和他的工作人員，開始丈量地形，以及設計地下煤氣管的敷設。倫敦煤氣公司在倫敦設廠供應煤氣，已有良好的經驗，屈地是煤氣專家，設計這些工程並不困難，至於該公司在港設立，亦毫不困難，對在英國註冊的公司，在香港可成立分公司。

　　屈地將全部計劃擬定之後，送交倫敦總公司批准，倫敦總公司便以中華煤氣公司的名義，在倫敦註冊，作為該公司在香港設立的分公司。本港的公用事業，有電車、電話、電燈、巴士和渡海小輪，這些公用事業，都是後期才成立的，最早成立的公用事業公司，就是煤氣公司。

　　由於該公司在英國有輝煌的成績，它的設計獲得全英國讚許，因此屈地的計劃，很容易就獲得通過，於是就開始在香港設廠經營。按照屈地的計劃，是敷設謀氣管與建廠同時進行。煤氣管的敷設，與敷設自來水管的方法相似，當時本港已建成第一座水塘——薄扶林水塘，所有水管都是藏在地底下面，故煤氣管亦藏在地下。

大會堂的興建

　　照屈地估計，當時使用煤氣的用戶，應以西人住宅為主，其次是所有的洋行和買辦的住家。洋行集中在中環，西人住宅集中在堅道上面以及鐵崗和雲咸街一帶，因此它的煤氣輸送管，一條向中環伸展，一條向半山伸展。向中環伸展的煤氣輸送管，據說到大會堂為止，因為 1866 年，香港大會堂已在建築中，這座大會堂並非今日的大會堂，其原址就是今日的滙豐銀行的地址，屈地的計劃，是將煤氣輸送至大會堂，作為照明工具的能源。關於這座古老的大會堂的興建情形，亦有足一述的。原來在 1861 年，在港的西商，已有人提議興建一座大會堂，作為全港市民的活動場所。

建議設大會堂的人，主要是香港會所中的西商，其中以端靈、黎利和麥唐納三人為最熱心，他們發起建設大會堂的計劃，亦頗為有趣。

在十九世紀六十年代，本港政府甚少考慮到為市民增加康樂活動場所和設備，那時港府的施政方針，完全與 "殖民政治" 一脈相承。在施政方面，是如何加強管治，使社會秩序符合他們的要求，對市民的精神生活，甚至是教育方面，不是不熱心，就是完全忽視，故建築大會堂這樣的龐大建設計劃，也是要由民眾發動起來，港府反應並不熱烈。故黎利等三位西商，要先行招股，籌備一筆建築費來興建。

所謂招股，實際上是招收永遠會員。凡作為大會堂的永久會員的，可捐款一百元。1865 年是銅錢的時代，能付出一百元的人必然是大有錢佬。當時一共招得 216 位永久會員，即共籌得 21,600 元作為建築大會堂的經費。據說當時負責在港設計煤氣工程的屈地，也是永久會員之一。

大會堂的興建，適在煤氣公司創立之始，大會堂又是本港市民的第一座聚會之所，會堂內外的照明用具，煤氣燈是不可缺少的，因此在設計大會堂的時候，煤氣公司的輸送管亦以到達大會堂為目標，所以大會堂和煤氣工程發生了關係，這是不可忽略的。

當時大會堂只籌得 21,600 元，距離建築費尚遠，後來由怡和洋行捐出五萬元，建築費才籌足，於是大會堂就著手興建。

煤氣街燈與煤氣供應

屈地的設廠工程和敷設煤氣輸送管工程進行得極為順利。第一期工程是由屈地街的煤氣廠始敷設地下輸氣管，這條輸氣管是沿皇后大道而設，一直伸展到大會堂，即整條皇后大道，自大道西至大道中都是煤氣供應區。

大家都知道，本港開埠初期，由於治安不好，政府規定各家各戶必須在門前懸掛風雨燈，以方便警員巡夜。當時又規定華人不准夜行，如在晚上九時後外出，必須攜帶警局批准的“紅街紙”，以及攜帶燈籠才能外出，因此每一座樓宇門口，都設有照明燈。當時大道中一帶洋行和銀行，門前都有照明燈之設，這些照明燈都是用花生油作燃料的。

各洋行都需要門前設燈，煤氣公司成立，各洋行馬上成為煤氣公司的顧客，洋行的門口要燈光照明，有了煤氣燈之後，就不必用油燈了；洋行內部，遇到雨天或灰暗的天氣，都需要燈光照明，也可以用煤氣燈。因此，煤氣公司在籌備時，已有洋行和政府機關預約為基本用戶，而這些洋行與政府機關，都是在皇后大道中附近，故第一期工程，以皇后道為主。鋪設這條輸氣管並不困難，只幾個月時間就完成工程。當工程進行時，港府忽然要求煤氣公司設立街燈，特別在西營盤的華人住宅區要多設幾盞街燈。

原來在 1856 年港督約翰寶靈任內，華人住宅的樓宇門前的照明燈，時常熄滅，原因是華人在點燈的時候，常常不事先加油，等到午夜，油已用罄，燈便熄滅了。當時是英國發動第二次鴉片戰爭時期，有不少反英活動在香港出現，約翰寶靈為確保治安，頒佈了《維多利亞城設街燈條例》，在華人區域到洋行區，一律增設街燈，這些街燈的費用，用增加 "警捐" 來收取。本港開埠初期，尚未設立 "差餉" 制度，到 1845年，頒佈《徵收警捐條例》，所謂 "警捐"，就是今日的 "差餉"。後來的 "差餉"，並非完全用於支付警察費用，其中有水費、街燈費、市政事務費及市政費用

在內，是一項相當複雜的稅收。[16] 當時的 "警捐"，是
"差餉" 的前身，其所收費用，完全用於警察維持治安
經費，故名 "警捐"，不稱 "差餉"。

由於街燈是協助警察巡夜、維持治安的照明工
具，故在各街道設街燈，其費用應屬警察費用，故用
增加 "警捐" 的方法，作為維持街燈的經常支出。
1856 年所設的街燈，全部是油燈，每天晚上，由警
察部派人沿路點燈，這樣就不怕華人樓宇門前的照明
燈熄滅，而令到街道黑暗，為反英者摸黑活動。當設
立街燈制度之後，街燈已有經常費，於是更可多設街
燈。到了 1863 年，新出的燃料已運來香港，這燃料就
是火水，本港街燈亦改用火水燈。

當改用火水燈作為街燈時，自然又要增加經常費
用，因火水燈照明度比油燈為亮，而火水的售價亦較
油為貴，故此又要增加稅收。當時的港督是夏喬士羅
便臣，羅便臣頒佈了一條新例，名叫《徵收警費及街
燈費條例》，正式將街燈經常費列明在警費徵收之內。
1856 年約翰寶靈徵收街燈費，並未說明增收 "警捐"
是用以維持街燈的費用，只是在內部決定，將增加的
費用撥作維持街燈常費。到 1863 年，夏喬士羅便臣則
將街燈費列出，附在警費之內徵收。"差餉" 一詞，就

---

16 編者註：在市政局及區域市政局於 1999 年被廢除之前，差餉的稅收是
兩局主要財政來源，用以提供各種市政服務的開支。現時，所有差餉
稅收則成為特區政府的一般收入。

在這個時候開始這定形的。

街燈費用增加之後，煤氣公司的工程接近完成，夏喬士羅便臣認為這些街燈，應改為最先進的街燈，仿照倫敦的街燈制度，用煤氣燈代替火水燈。因此和煤氣公司接洽，在煤氣供應的街道，設煤氣街燈，其他未有煤氣供應的街道，則仍用火水燈照明街道。港府則在"差餉"中的"街燈費"內，支付煤氣公司供應煤氣街燈的費用。這個提議，煤氣公司自然贊成。

由於煤氣公司在英倫註冊，該公司的初期用戶大部分為西人，華人用戶甚少，加上該公司的股東年會常在倫敦舉行，故在本港甚少該公司初期的資料流傳於民間，要找出該公司在何年何月何日正式供應煤氣，實在並不容易。我們只能在一些零碎的資料中，找到一些線索，知道香港有煤氣供應的日期，是 1865年元旦。

為什麼說香港有煤氣供應的日期是 1865 年元旦呢？這是從一位研究香港民間歷史的英國學者柯士甸‧高士的研究資料找到的。這位研究香港民間歷史的學者寫了本英文書，可譯為《萬家燈火》（原名 *A Mountain of Light*）。此書原為研究香港電力供應史的，但其中有一章談及香港的街燈沿革史。他寫道：

香港比其他城市，例如新加坡等為幸運，新加坡即使

184

有了電力公司五年之後，仍沒有第一盞街燈設立。香港就不同了，街燈照明的設立是十分順利的。當時每有一座新建築物落成，就有一盞燈設在大門入口處，建築物漸漸增加，照明的燈的數目增加，因而成為照明街道的街燈，在當時，點燈的燃料是花生油。在一八四七年，港府已硬性規定每座樓宇必須在門外懸掛路燈，大部分華人住宅多數不遵從。但不要緊，華人晚上夜行的話，必須領取通行證及攜帶燈籠才能外出。

當約翰寶靈爵士任港督時，微收街燈費用，這費用附於警察費用之內。最初的街燈是用生油作燃料，其後改用火水燈。燃點街燈的工作，由警察負責。在一八五六年有二百五十盞街燈，其後再在灣仔地區增設一百盞。……到了一八六五年一月一日，開始使用煤氣燈。

這是說明香港有煤氣供應的時候，是 1865 年元旦。因為街燈使用煤氣燈，必然和煤氣供應同時開始，這是不易之理。

照柯士甸‧高士在《萬家燈火》中所述，初期的煤氣街燈只在少數地區安裝，就是說，未能全部代替所有的火水燈的街燈。但不久，整條皇后大道都已使用煤氣燈了。到了 1888 年，全港的街燈已有六百盞，由文咸東街至堅道、炮台里和政府合署，到灣仔的皇后大道東，都已有煤氣街燈設立。

現時被政府視作古物而加以保留的煤氣燈，就是炮台里上的幾盞，這些老古董，並非 1865 年初期的煤氣燈，相信是 1880 年之後才設立的，屬於第二代的煤氣燈而已。[17]

煤氣廠近海原因

屈地創立本港煤氣供應系統，並且推廣煤氣的供應，可說是居功至大。當大會堂於 1869 年 6 月 28 日開幕時，愛丁堡公爵來港主持開幕禮，當晚大會堂大放光明，大會堂前的噴水池四周的煤氣燈，把這座古色古香的建築物照耀得金壁輝煌。

當 1889 年本港進行填海計劃時，自中區填海至石塘咀，煤氣廠當時原在海旁，這項填海計劃是將海旁填至干諾道西，因此煤氣廠旁邊的一條街道便延長到新填的干諾道西海旁，這樣街道便以屈地之名命名，名為屈地街。當電車公司鋪電車路軌至西區時，其總站亦設在屈地街口，因此現時的電車路牌，仍用 "屈地街" 三字，實際上現時的電車並非駛至屈地街為止，而是到石塘咀山道口，只因初期電車總站設於屈

---

17 編者註：現時炮台里已沒有煤氣街燈。香港唯一保留煤氣街燈的地點是中環都爹利街的花崗石階。2018 年 9 月，超強颱風山竹襲港，有三支煤氣街燈被樹木壓毀，經煤氣公司修復後，在 2019 年 12 月再次點亮。

地街，故仍沿用舊站名。[18]

在電力未發明前，煤氣是最先進的公用能源設備，因此煤氣用戶不斷增加。到了 1880 年之後，九龍方面已漸漸繁榮，人口亦增加，新式樓房亦不斷興建，於是煤氣公司亦要在九龍設分廠，生產煤氣以供應九龍方面的用戶。當時煤氣公司的工程師，選擇油麻地佐敦道近炮台街的一塊地皮建廠。

我們知道屈地先生初期選擇石塘咀海旁的地段建廠，主要原因是煤氣的原料為煤，而本港並無煤的資源，所有生產煤氣的煤都是從海道運來，是以煤氣廠必須選擇近海之處設立，方便船隻將煤卸到煤氣廠的煤倉內。當時佐敦道近炮台街的地方，正是海邊。

這塊地方從前是一個伸出海面的海角，是一個山崗，山崗上建有炮台，這炮台是官涌炮台的一部分。在鴉片戰爭初期，官涌炮台曾發揮過它的威力。自 1861 年 1 月 19 日，額爾金正式接收界限街以南一帶之後，官涌炮台上的大炮已經為英軍所摧毀，但炮台之名仍在。到 1880 年之後，由於油麻地廟街、上海街一帶漸漸繁榮，當局整理土地，將官涌山近佐敦道的一個山崗剷平，將之填平海灘，故這地方成為近海的平地，炮台街之得名，亦由此而來。當時佐敦道的南面，即現時九龍佐治五世公園一帶，仍然是山，只現

18　編者註：現時電車路牌上的「屈地街」已改為「石塘咀」，避免混淆。

時炮台街的山崗被剷平，作為煤氣公司九龍煤氣廠的地址，這煤氣廠於 1892 年建成，開始供應煤氣。

自 1892 年開始，港九兩地都有煤氣供應，當時因還未懂得在海底設煤氣輸送管，故九龍佐敦道的煤氣廠生產的煤氣，只供九龍使用。後來有了海底作業的技術，港九兩煤氣管的煤氣，因海底輸送系統的建成，互相通用。

當時香港人並不稱煤氣廠，而稱之為"煤氣鼓"，如果你向途人詢問煤氣廠在什麼地方，途人一定會搖頭說不知道，若問煤氣鼓在什麼地方，則馬上會告訴你它的所在。為什麼港人不叫煤氣廠而叫煤氣鼓呢？因為煤氣廠用以儲藏煤氣的金屬煤氣座，是一座圓形的巨型建築物，形如一座大銅鼓，故稱煤氣鼓。當九龍佐敦道興建煤氣廠時，倫敦總公司派了幾名工程師來港，一方面是興建九龍煤氣廠，另一方面是檢查屈地街煤氣廠的煤氣鼓。原來屈地街上的煤氣鼓，建於1864 年，已有 28 年之久，而且初期的設計，已嫌落後。28 年後英國的工業已有極大的改進。新設計的煤氣鼓已和 1864 年時完全不同，故派工程師去檢查，看是否必須更換。

結果工程師在屈地街作了詳細的檢查，認為必須更換新的煤氣鼓，工程師並且根據舊煤氣鼓經 32 年風雨吹打所留下的痕跡，發現香港天氣有很多特殊性，因而作了很多補充的設計，以確保煤氣鼓的安全。因此，當佐敦道的煤氣鼓由英國運來安裝時，也運來一批新的煤氣鼓，在屈地街上的煤氣廠內，逐個更換。

1934年屈地街煤氣鼓爆炸案

幸好屈地街上的煤氣鼓於1896年時更換新的煤氣鼓，使後來發生的一件煤氣鼓爆炸慘案，給煤氣公司作有力的證明，證明這次慘案並非因煤氣鼓洩氣而造成。

屈地街煤氣鼓爆炸一案，發生於1934年5月15日，即農曆歲次甲戌年四月初三。當天是星期二，時在清晨，不知何故，突然隆然一聲巨響，屈地街附近一帶，頓然出現一團巨型火球，彷佛成一片火海，吞沒了附近的晉成街。

自從石塘咀填海之後，當局為發展石塘咀新填地區域，特將原本在水坑口經營的妓院，遷到石塘咀去，因此石塘咀一帶，建了很多樓宇，也開設了很多酒家。很多人為了在石塘咀各大酒家和店舖工作，也搬到石塘咀居住，煤氣廠無形中已被住宅樓宇和商店所包圍，已不再像1862年時那樣荒涼了，是以煤氣發生爆炸，就造成極嚴重的災難。

晉成街是皇后大道西北面的一條小橫街，位於煤氣廠背後。該街已建成兩列十多幢樓宇，街的後面，依地勢也建了一排住宅樓宇，這地方名叫加倫台。晉成街的 11 號、12 號和 13 號三座樓宇，因為位於煤氣廠對正的地方，故首當其衝，爆炸之後，那一團藍色的火燄，立即就向這三幢樓宇衝去，使這三幢樓宇頓成火海。其餘附近的樓宇，也被波及，但不及 11 號至13 號那三幢樓宇的慘烈。住在這三幢樓宇內的居民，幾乎無一倖免。

當時晉成街的居民，大部分仍在夢中，被這突如其來的一聲巨響所驚醒，醒來之際，看見漫天是火，窗戶震裂。11 號、12 號和 13 號三座樓宇的居民，能逃走的甚少，因這三幢樓宇，簡直已成火海，其餘各樓宇，能逃生的較多，但被火燒傷的亦不少。

消防局初時接到報告是大火，故立即動員到晉成街去施救，集中全港所有救火力量，先把傷者送往醫院，一面救火一面調查起火原因。他們發現煤氣廠已被夷為平地，但一時尚未知起火原因。究竟是晉成街起火在先，波及煤氣廠的煤氣鼓爆炸，還是煤氣鼓爆炸波及晉成街，一時尚難決定，原因是當時沒有人看見爆炸和起火的實際情形。

當時救火和救人要緊，沒有時間研究起火原因，整條晉成街哭聲和叫聲震天，經過差不多整日時間的灌救，才將火撲滅，但已經有 12 座樓宇被燒得只剩頹垣斷壁。

初步的調查，一共燒死了 43 人，傷 18 人，無家可歸者一時尚難計算。本港到了 1934 年，尚無完善的社會救濟措施，自清代以來，社會上發生嚴重的災難，負責救濟的都是東華醫院。其時東華醫院、廣華醫院與東華東院已合稱東華三院，救濟工作就由東華三院負責。故東華三院的檔案中，有對這一次災難救濟的紀錄，看看這份紀錄，就知道當時晉成街所受的災害的嚴重，以及破壞之慘烈。

東華三院有《火災之救濟工作》紀錄，其中記下 1934 年屈地街煤氣廠火災和晉成街大火進行救濟情形云：

一九三四年（甲戌）四月初，本港煤氣局發生爆炸，傷斃附近居民不少，為空前未有之災。當年主席劉平齋，即偕首總理辛玉銘，總理謝耀湘，親往災區調查，所見被難者多屬無家可歸，情殊可憫。即日設立臨時招待難民棲留所，供給食宿，俾其暫時安身，並商得羅玉堂君同意，借出大道西四百六十六號為臨時辦事處，以便報名入所。又借出大道西四六零號及四六二號三樓，為男宿舍，晉成街二號二樓、十號三樓及五號地下為女宿舍，分別招待。劉主席並於四月初三舉行特別會議時，提出作如上之報告。

這是紀錄的第一段，以後當再引錄該紀錄其他部分，因這些紀錄分很多地方，要加以說明。災難發生於農曆四月初三，當火勢將滅時，東華三院主席即親自到來研究救濟災民問題，並立即作出決定，徵求附近空置民居的業主借出地方作為難民收容所，可見當時東華三院主席和總理辦事精神，比諸現時受職的社會福利和救濟的官員，實不遑多讓。他們都是大商家，而且是不受薪，完全是義務工作，能如此迅速進行救濟，是令人欽佩的。而且當晚即召開特別會議，召集東華三院各總理開會，設法籌募救濟款項，給災民實際的救濟，這一次特別會議，是在災難發生當天晚上七時半舉行。

東華三院的檔案紀錄，尚有如下一段：

截至是日下午七時止，共有男子二十名，婦女廿六名，報名入所。此次災情慘重，現倡議由本院發起登報助捐，並請各總理隨緣樂助，以為之倡，俾得賑恤遇難災民云云。席上各總理一致贊成，紛紛自動捐助。

東華三院各總理即席捐出款項，作為救濟災民伙食和派發草蓆和衣物之用，次日即在全港各報刊登勸捐啟事。由於這是火燒馬場以來的空前浩劫，市民多樂於捐款救濟災民，在這一次捐款運動中，共籌得四千餘元。

研究本港社會福利史，不能忽略東華三院發展史，因為在一個很長久的歲月裏，負起社會福利工作的是東華三院，直到 1934 年仍是如此。當時由於煤氣廠的爆炸，使晉成街災民遍地，港府並無進行什麼救濟工作，所有救濟都是由香港華人自行負責。

最妙的還有一件事，當時贊育醫院是一所為產婦接生的醫院，有一位留產婦人周鳳英，在贊育醫院生了一個孩子，照院例她應該出院，但是她原住於晉成街 16 號二樓，但晉成街 16 號已因煤氣爆炸而盡毀，她的丈夫失蹤，她變了個無家可歸的人，自然不肯出院。院方再催她出院，她堅決不肯離院。贊育醫院的主任醫官，只好向華民政務司尋求解決，華民政務司又把責任推給東華三院，寫信給東華三院主席，請他設法把周鳳英接離贊育醫院。

東華三院的紀錄也有這一件事記載，記云：

此次煤氣局爆炸，情況甚慘。華民政務司曾函本院謂：贊育醫院主任醫官，以該院接生房有留產婦人周鳳英，原在晉成街十六號二樓居住，現因煤氣失事，致家內物件蕩然無存，遂令分娩後無家可歸，現著其再留院居住，請為設法救濟等語。劉主席於四月初六日會議提出，謝耀湘總理謂：本院現已在大道西五一二號設立難民樓留所，如周鳳英出院時，可著其報名入所居住，至於如何撫恤，容俟再議。公議照函覆華民政務司。

這位周鳳英幸而在四月初三那天分娩，進了贊育醫院，否則她也難免被燒死，她算是幸運的一個，還為丈夫誕下麟兒。

這次煤氣鼓事件，還有一些插曲，足以反映當時社會福利工作的一般情況。有一位婦人名叫冼冰，在晉成街大火之後，她走去保良局哭訴，因為保良局一向以保護婦孺為己任，婦女有事求助，就到保良局。她對保良局辦事人說：她的丈夫在石塘咀的金陵酒家當什工，當天酒家收工後，丈夫留家休息，她則外出買東西，不料途中聽得爆炸聲，途人說晉成街火警，她跑回去看，只見火光熊熊，消防員搶救，把她的丈夫救出，但已重傷，送到國家醫院時已經不治。她感到在港無家可歸，要求保良局遣送她回鄉居住，蓋保良局當時有保送婦孺回鄉之例。

保良局對冼冰的投訴表示同情，但覺得她是因煤氣鼓事件而無家可歸的，理應由東華三院辦理，於是又通知東華三院。該院的會議紀錄亦有此事的記載，載云：

保良局又將煤氣局爆炸後之難婦冼冰送來本院，請設法救濟，資遣回籍。本院據該難婦冼冰稱：伊夫鄧惠，向在金陵傭工，昨因煤氣局失事，被炸重傷，旋在國家醫院身故。尚有家姑及幼子在鄉，請求資遣回籍等語。此案亦於會議中公決，以據冼冰所稱，情殊可憫，由煤氣局賬款項目給十五元撫恤之。

這位冼冰獲得十五元作為回鄉旅費，當時的一般工資，約六元至七元一個月，十五元相當於兩個月的工資。且保良局遣送難婦回鄉，船費通常收五折，她有了十五元，就可以回鄉了。

當事件發生後，統計傷亡數字，也是由東華三院進行調查。當時西報的記者，也有傷亡調查數字刊於報端，但數字並不真實。西報的紀錄是傷 18 人，死 43 人，一看這紀錄就知道不全面，以當時晉成街陷於火海中，沒有理由傷者會少於死者，因此我們還是相信東華醫院的紀錄。但東華醫院的紀錄亦有缺點，原因是它是為華人而工作，只調查華人傷亡數字，沒有把西人也計算在內，是以在死亡人數上，較西報記者調查的為少，而傷者的數字，則遠超 18 名之數幾倍。可見研究香港歷史，不能盡信英國人的紀錄。

東華醫院於事發後第 13 日舉行會議，該日會議於 4 月 16 日召開，由總理謝耀湘報告調查死傷人數，其報告云：

昨與蕭秉常先生同往國家醫院調查，計入院者七十二名，在院身故者廿三名，醫癒出院者廿八名，現仍留院者廿一名。又入東華醫院者二名，由七號差館發掘屍體，送往皇家殮房十五具，至於被燒之親屬無家可歸者，在本院棲留所者約一百九十四名。

看了這份會議紀錄，就知道傷者不止 18 人，而是 72 名減去因傷不治的 23 人，即 49 人，再加上在東華醫院留醫的兩名，傷者共 51 名，遠較當時西報所說傷者 18 名為多。至於死者人數，在現場掘出 15 具屍體，加上在國家醫院傷重不治 23 人，共 38 名，與當時西報所載死者 43 人，尚少五人。

這五名死者，後來獲得補充，原來有一位傷者親自往養和醫院治療，不治身亡，增加一人。後來在國家醫院醫治的 21 名傷者中，又有兩人去世，即共死三人。有兩名是煤氣廠的印度看更，他們在爆炸時身首異處，只找到殘肢，證實已死亡，故死亡數字共 43 人。

這宗慘案，死者共 43 人，傷者則為 49 人，至於無家可歸的人數，東華三院總理在最後的報告中查明共二百多人，由於災民樓留所是向熱心人士商借的，不能長期讓災民居住，故必須設法遣散。

三院總理要定期將樓留所的樓宇交回業主，因此決定將救災捐得的餘款，分給災民，著他們回鄉，或到其他地方居住。當時在本港租一床位居住，月租約二元，租一房間居住，月租約為六元至八元，若在港謀得一職業，有一筆款項添置家具用品，是不必回鄉的。當時一共籌得四千餘元，除去樓留所內的伙食和經費開支外，尚存三千六百九十一元五角，按照留居所內的災民人數，每一成年人可分得十六元，小童可得八元。東華三院甲戌年四月十八日之會議紀錄，有如下之記載：

　　四月十八日會議時，謝耀湘報告調查災民經過。查得當
日煤氣局爆炸時，被燒而逃生者共二百三十九名，已來院報
名登記者共二百零三名，其餘尚有三十六名未有轉院報告，
又查得在國家醫院留醫有十九名，又在本院留醫二名，統計
約二百六十名，內小童六十一名。此次賑濟捐款，計至今日
止，共收到四千五百零三元六毫八仙，除支收容所難民伙食
及各費用五百一十二元一毫八仙外，尚存三千六百九十一元
五毫。現倡議每名難民給銀十六元，小童折半計。此為先行
救濟目前起見，至於善後辦法，及撫恤死者親屬，請致函華
民司署，轉懇政府撥款賑恤，曾憲鴻和議，眾贊成通過。並
定期十九日上午十時，召集各難民到院領款，由各總理到院
監視發給。

看了這份紀錄，可知東華三院工作之認真。

　　農曆四月十九，即 1934 年 5 月 31 日，各災民到
東華醫院去領救濟金，當日有成人 153 名，小童 60 名
領得款項，還有十多名已報名而未來領取，相信這十
多人是因為工作關係，沒法依時到東華醫院去領款的。

　　5 月 31 日是星期四，不是假期。晉成街的居民，
除家庭主婦外，男子多有職業，否則交不起租，住
不到晉成街。所以收容災民的收容所內，有很多災民
是要出外工作的。有些災民亦未到收容所內居住，他

們有辦法租地方居住，便不住在擠迫的收容所去。因此不僅當日有十幾人未來領款，還有 109 名災民，在農曆四月十九日之後，先後到東華醫院報名領取救濟金，這一百多人，就是在事件發生之後自行找地方居住的，即不住在收容所內的。他們看見報紙，知道受影響的災民可以領取十六元，便先後前去報名。

1934 年時的物價，十六元可以買得很多日用品，難怪那些在外找到居所的災民，也要來爭取他們應得的權利。東華醫院並不拒絕他們所請，將這 109 名災民的姓名住址登記起來，然後開會討論。原來捐來的款，已分發給各已登記的災民，捐款所得無幾，這 109 名災民，那有錢發給他們呢？

東華三院各總理在會議時，認為在這次災難性事件中，港府一直沒有撥款救濟。這是社會性的災難事件，港府不能袖手旁觀，一毛不拔。因此決議要求華民政務司，轉呈輔政司要求撥款救濟這 109 名災民。結果港府不能逃避責任。因所有災民都已領到救濟金，而這救濟金是由市民捐款救濟的，這 109 名災民再也不會有市民捐款給他們，市民是靜觀政府對救濟災民的態度。因此政府不得不撥出一千七百餘元救濟金，仍然每名派發十六元，這件救濟災民的工作才了結。

爆炸案死因法庭

　　由於這次事件死了 46 人，當局要研究責任問題，於是進行死因研究。死因研究的意義是研究這次的慘案發生，究竟是由於煤氣公司的疏忽，還是由於意外？若是由於意外，則事件可歸咎於天外飛來的災難。若是由於煤氣公司的疏忽，則責任重大，被燒死的人的家屬可以索償，被燒毀的晉成街樓宇的業主亦可以索償。因此煤氣公司必須用各種有力的證據，證明事件發生，與煤氣公司無關，並非由於公司的疏忽。

　　當時煤氣公司的經理名叫史東，他出庭作供稱：屈地街的煤氣廠雖然建於 1864 年，但是整間煤氣廠的設備，都是在 1892 年本公司在佐敦道建九龍煤氣廠時，同時更換的，因此這些設備是極安全，而且是極先進的。他指出，佐敦道的煤氣廠，至今仍然十分安全，並無爆炸。

　　當時社會上盛傳屈地街煤氣廠內的煤氣鼓，因年久失修而出現裂孔，引致煤氣外洩，遇火而爆炸。史東以有力的根據，證明煤氣鼓極為安全。他取出事發後由專家在屈地街一帶檢拾煤氣鼓的碎片，作科學化驗的報告書，這報告書證明煤氣鼓的碎片並無腐蝕跡象，可充分承受得起煤氣本身的壓力，煤氣鼓決不會洩氣。

　　前任煤氣公司經理布力克賓，也出庭作證。他指出煤氣公司本身設備完善，這次爆炸是由於晉成街13號首先發生火警，火警在晉成街發出的熱力，向煤氣鼓衝擊而來，使煤氣鼓不能抵受外來的壓力，因而爆炸。

當時晉成街13號屋，有三名死裏逃生的居民，這三位居民先後出庭指出布力克賓的說法不確實。原來這三位居民同住晉成街13號四樓，他們指出當時能夠逃生，是由於聽到極響亮的"隆"然一聲，他們下意識地以為是塌樓，立即從四樓跑下來，跑出門口，才見到全屋冒火的，並非晉成街13號先起火才引致煤氣鼓爆炸。

煤氣公司為了證明責任不在自己，又請來上海煤氣公司的工程師到來作供，這位煤氣專家名叫柏加。當時港滬航空線已經有定期班機，柏加是特別乘港滬航機即日飛來香港作證的。在當日來說，這是一件盛事。柏加在庭上首先指出，屈地街的煤氣鼓絕對不是超齡之物。

柏加指出：煤氣公司的煤氣鼓通常可維持五十年不變，以上海煤氣公司為例，它的煤氣鼓與香港的同一規格，也是由英國同一公司所承造，至今仍保持良好，佐敦道的煤氣鼓亦同一類型，同一年代建造，可以說明事件發生與煤氣公司無關。柏加在庭上說了很多有關煤氣壓力的理論，以及煤氣鼓構造的規格，無非在說明屈地街的煤氣鼓爆炸，是受外來因素影響。

那麼是哪些外來因素影響呢？前經理布力克賓的晉成街先起火涉及煤氣鼓說，已被晉成街居民極力駁斥，柏加不能再唱這支濫調。他的想像力真豐富，他說極可能有人在加倫台上，用石塊或尖銳的鐵器，向煤氣鼓上拋擲，刺穿了煤氣鼓，因而引起爆炸。

加倫台位於晉成街之上，屬於高山坡地區，俯瞰就是屈地街的煤氣鼓，這個推想雖然很勉強，但是沒有人能駁倒他的設想，因為誰也不能證明當時加倫台沒有人，更不能證明沒有人擲石或擲硬物。駁斥此種說法的敵對口供，只能問：加倫台比晉成街距離更遠，能將石塊擲到煤氣鼓上去嗎？這樣的反駁並不有力，因為柏加指出各種普通擲鐵餅的運動紀錄，就可證明在加倫台擲物擊中煤氣鼓的可能。當時柏加以上海煤氣公司的工程師身分來港作證，被認為對煤氣公司最有利，他是因對同業表示關心來港作證的，但以第三者立場來說話，故對陪審團的判斷有深遠的影響。

死因法庭對這件案的處理，是要盡力保持公正和表明真相，因此也請來反面專家作證，反面專家是亞細亞石油公司的工程師畢特菲路，他是認為這件慘事，煤氣公司應負責任的。

亞細亞石油公司當時在香港已建造油庫，油庫的外形與煤氣鼓相同，都是用金屬建成一個高大的鼓形外殼，以保護埋藏在裏面的石油，其結構與煤氣鼓極為相似。畢特菲路於煤氣鼓爆炸後，接受消防局長邀請到現場去搜集煤氣鼓的碎片，於登記後拿去化驗。

畢特菲路在法庭上，指出他當時在屈地街一帶拾得煤氣鼓碎片共 17 件，均已編列號碼，其中十件碎片當中，顯示腐蝕十分嚴重。這些金屬片表明有很多各種腐蝕痕跡，是不能再支持得住煤氣的壓力的。其中三塊碎片，是在接駁口之處，接上的地方，其薄如紙。又其中有三塊碎片，上有小孔，這些小孔並非由於爆炸而做成，是日子太久，經風雨侵蝕所造成的。

畢特菲路向法庭宣讀他的研究結論：這件事很明顯，是煤氣鼓上的腐蝕小孔，將煤氣洩了出來，煤氣像煙縷似的飄進煤氣廠內的看更休息室，看更休息室內，剛巧有人生火。火將洩出的煤氣燃著，就像炮仗的引子被燃著一樣，煤氣將火帶進煤氣鼓內，迅速使煤氣鼓爆炸，造成這一次死 43 人的大慘劇。

但是，煤氣公司經理史東立予駁斥，他說煤氣公司的職員，都不准吸煙，怎會生火？

史東指出看更房內的三名印籍看更，都是不抽香煙的，永遠不會在房內生火。況且煤氣若洩氣，看更一定嗅出氣味來，三個看更應立即就發覺，至少也會逃出外面，但事實證明，三名印度看更都已全部喪命，被炸得肢殘體碎。

畢特菲路舌劍唇槍地向史東反駁。他指出，看更休息室是被炸得最劇烈的一座建築物，這足以證明看更休息室是一個爆炸點。只有煤氣洩氣集中到看更休息室內，才會爆炸得如此“徹底”的。生火並非只指吸煙，三位看更有在休息室內煮咖啡的習慣，他們正在生火煮食，因此就造成爆炸。

這本是一份極有份量的反駁報告，無奈沒有生口對證。第一，三名印度看更已經死了。誰去證明他們曾生火煮食呢？第二，煤氣鼓的碎片，是爆炸後拾得的，那些腐蝕性的小孔，不能排除是由於爆炸後所造成。第三，所有生還的人，在事發前未嗅到煤氣的氣味，即沒有人證明煤氣鼓真的洩了氣。

本港的法律制度，以陪審團作為市民審判的代表，陪審團由七位陪審員組成，陪審員是從能聽得懂英語的市民擔任，凡符合資格的市民都有被任為陪審團的機會。這次死因研究法庭在雙方證人作供完畢之後，照例由陪審團進行投票決定這一件慘案的責任誰屬。

在陪審團投票之前，照例有結案陳詞。代表煤氣公司的律師在結案陳詞時自然說是外來火使煤氣爆炸；代表控方的律師則力指煤氣公司應負責。正是公說公有理，婆說婆有理。最後，則由主審法官作結案陳詞。當時主審法官是咸美頓，他在結案引導陪審團判案時，提出他們應考慮下列幾點：

第一：是原則性問題，即死者的致死原因，是否與醫官的驗屍報告符合，即是說，所有死者，是否真的死於被火燒死。第二：死者若被證明一如醫官所說，是死於被火燒死，則致死者於死地的這場火，是意外的？還是蓄意的？抑或是由於疏忽造成？在死因研究中，通常是三種死因，即謀殺、誤殺，及意外死亡。本席認為前兩者並不存在本案中。第三：慘案發生的真正原因何在？是否由於先有火警，然後導致煤氣鼓爆炸，還是煤氣鼓先爆炸，然後引起大火？如果無法判斷的話，陪審團能否表示一些意見，供本席參考。第四：陪審團對於煤氣公司、消防局、警察部、醫院當局所採取之行動，是否認為滿意？第五：對於煤氣公司的設備，陪審團是否認為保養妥當？如果認為不妥當，哪一方面應負責？是否認為政府對煤氣設備，應予監督？第六：陪審團對煤氣廠的設立地點，有無意見？以及對於現行的安全措施，是否應予加強？若要加強，可提出各項建議。第七：陪審團可以發表其他意見，希望能藉助各位的意見，避免慘案再度發生。

咸美頓法官致詞後，陪審團即退庭商議。

陪審團經商議後，首先宣佈，他們一致認為這件事是出於意外，即所有死者，是意外死亡。因為在所有證據當中，無人能確實證明起火原因是屬於疏忽還是別的原因，只能當作是一意外事件。就是說，不能由煤氣公司負責。不過，陪審團亦有意見，他們認為煤氣廠的圍牆，應加建較高的鐵網，以防止如上海煤氣公司的工程師柏加所說的有人擲硬物擊穿煤氣鼓，同時，亦建議煤氣廠應該遷離人口密度高的住宅區，以免被火警波及，或因煤氣洩氣而引起災難性的大火。法官威靈頓就宣佈此案結束。

日佔時期的煤氣公司

嚴格來說，1934年的屈地街，尚未成為人口密度高的住宅區，那時德輔道西仍屬貨倉區，屈地街尚未建成樓宇，只有晉成街是在大道西的山邊之上，是以事件結束後，煤氣公司仍在屈地街原地上重建煤氣設備。

佐敦道炮台街的煤氣廠，當時也並不在人口密度高的地方。當時自佐敦道渡海小輪碼頭至上海街處，仍然未有樓宇興建，近海旁一帶也是貨倉區，現時稱渡船角的地方，全都是平房式的貨倉，廣東道近煤氣廠一帶，樓宇極少，對面的一座山崗還未剷平，由一公司租來作貨倉之用，因此煤氣公司無遷址的必要。不過，當局鑑於發生過一次災難，對煤氣公司的兩座煤氣廠的設立地點亦接納陪審團的建議，準備另覓地點，供該公司開設煤氣廠之用，當地點正在擬妥之時，戰爭爆發。

日軍進攻香港的時候，由於英軍的防線甚為脆弱，被日本侵略軍迅速攻佔九龍，故九龍佐敦道的煤氣廠未遭破壞，英軍自九龍撤退港島時，亦未對任何公共設施加以破壞。日本侵略軍指揮官酒井隆在九龍半島酒店作臨時指揮部時，立即派日軍佔領煤氣廠及其他公用事業工廠，九龍煤氣廠基本上未遭到什麼破壞。

當 1941 年 12 月 15 日酒井隆下令向港島炮轟及轟炸時，日軍炮彈亦不向煤氣廠、電力廠以及其他倉庫攻擊，因為酒井隆認為，日軍攻陷香港只是遲早的事，破壞了這些工廠，將來建回就困難，他的炮火寧願射向平民濫殺。當時修頓球場已由紅十字會負責派飯給難民，日機竟然不顧球場四周豎起的紅十字會十字旗，投彈炸死待領救濟飯的平民無數，但對煤氣廠等設施，始終未投一彈。12 月 25 日香港英軍正式向日軍投降後，日軍進入港島時，首先派軍隊佔領屈地街的煤氣廠，並於 12 月 30 日恢復煤氣供應，成為日軍侵佔香港後，最先恢復正常運作的公用事業之一。可見屈地街的煤氣廠，在戰爭時期，完全未遭到破壞。

至於九龍佐敦道的煤氣廠，則於 1942 年 1 月 10 日正式恢復生產煤氣。九龍的煤氣供應較電力供應為遲，因九龍電燈亦未遭破壞，故先於 1942 年 1 月 1 日供應電力，九龍的煤氣於 1 月 10 日供應，比電力遲了十天。

日軍接管煤氣公司之初，是由酒井隆的“香港軍政廳”的“瓦斯班”負責接管。“瓦斯班”內有日本的煤氣工程師，由他們檢查煤氣系統，認為安全，才強迫工人開工，生產煤氣。當時屈地街與佐敦道的煤氣廠，均堆滿了煤炭，煤炭有如一個大山崗，故初期生產十分正常。到了1942年3月，香港總督部成立，酒井隆要到南洋一帶去協助日軍進侵南洋。磯谷廉介接任香港總督部後，即將"瓦斯班"改為"瓦斯事務所"，原本開"瓦斯班"的人均擔任主要檢查和監督生產。但不久，煤氣廠的存煤用罄之後，就停止供應煤氣。很多寫香港淪陷時期歷史的作者，以為第二次世界大戰中後期，香港因能源缺乏而停電停煤氣供應，是整間電力廠和煤氣廠停止生產。其實實際情形並非這樣的，當全港停電停止供應煤氣時，日本的軍政機關和日人的高級軍官的住宅，仍有電力和煤氣供應，直到戰爭結束前，煤氣與電力，從未停止生產過。

原來日軍稱之為"軍需送電"及"軍需送瓦斯"，只將電力和煤氣，作局部生產，供應軍政機關、軍需工廠和船塢使用，民間一律停止供應。那些寫香港淪陷時期歷史的作者，只參考當時公開的資料，沒有參考日軍當時的重要著作，故不知有"軍需送電"與"軍需送瓦斯"之事，以為這些工廠全面停止生產。倘若真個如此，當日本投降後，電力與煤氣恢復生產就不會那樣順利了。

正因為煤氣公司的各項設備未遭破壞，而且一直維持"軍需"生產，所以香港重光後，就很順利地恢復煤氣生產了。

但是，由於戰爭破壞了很多煤氣街燈，加上戰爭中期以後，日軍的"瓦斯事務所"只生產"軍需瓦斯"，即只將煤氣供應到日本軍官住宅和一些工廠去，其餘的煤氣用戶，差不多有兩年多未有煤氣供應，地底下的煤氣管亦因而閉塞，是以復員之初，煤氣生產量，仍只是局部，即未恢復戰前的水平。

九龍方面的地底煤氣管，很多都是在戰爭爆發之前不久敷設的，設備仍然很新，加上日軍佔領時期，"軍需供應"的地區較廣，是以供應較港島充足，產量亦提高。因此，煤氣公司戰後立即著手興建土瓜灣的新的煤氣廠，並於 1947 年加緊建造，準備將佐敦道的煤氣廠搬去。

"四電一煤" 工潮

正當煤氣公司全力恢復煤氣生產的時候，全港工人發現他們所得的工資，無法追得上物價，他們的工資水平，只較戰前的工資增加三倍，而物價則較戰前增加六倍至七倍，在此情形之下，就爆發了一連串的工潮，著名的為改善生活而提出向資方要求加薪的"四電一煤"聯合行動，就在 1947 年出現。所謂"四電一煤"，即港燈、九燈、電話、電車和煤氣。這五項都是公用事業，五業的工人聯合起來，一齊向資方要求加薪，這工潮在香港工運史上有其特色，且與煤氣公司有關，值得一談。

根據戰後發表的物價指數，以 1938 年為 100，到 1941 年上半年戰爭未爆發時，已增至 155.4，而 1947 年上半年，則已增至 540.3，比 1938 年增加了五倍多。而戰後糧食物價指數增幅最大的，則是 1946 年，達 704.8，全年增幅為 1938 年的七倍之多。工人在 1946 年尾即醞釀要求加薪。到 1947 年上半年糧食雖因運來較多而下降，但工人低微的工資，仍然無法維持生活，因此就爆發了一連串的工潮。

四電一煤的工友，於 1947 年 8 月 26 日舉行聯席會議，向資方提出要求增加工資，一反過去工人要求增加工資的形式。以往各業工人，只單獨向其資方要求加薪，這一次是五大公用事業，一齊聯合要求加薪，這一著，使當時五大公司的資方，感到事件不尋常。這次四電一煤的工人除了要求加薪之外，還要求退休金制度。因為當五大公用事業復員之初，需要熟練工人投入生產，招回大量戰前的技工回廠工作，這些工友在戰爭期間飽受生活摧殘，年華與體力亦漸衰老，若無退休制度，便有年老生活無著之感。其中煤氣公司的工友，大部分是戰前的工友，他們更感到歲月不饒人，極需要退休金制度。五大公司的工友有同一的願望，故而聯合起來，向資方提出要求。資方接到工友的建議書，也立即聯合起來，成立一個聯合小組，應付這次工潮。

當時勞工處長鶴健士，也收到四電一煤工人代表要求改善待遇的建議書，並接見工人代表，告訴他們香港物價已有下降趨勢，希望他們把要求押後若干個月，以待物價下降，得以維持生活。但工人代表認為目前已吃不飽，再等幾個月，恐怕妻離子散了，何況還有一個退休問題。鶴健士又告訴他們，勞資雙方應冷靜地談判解決，以免做成影響社會的行動，因為這五間公司的服務，都和全港市民有關。工人代表說，希望勞工處促成與資方的談判。

五大公司的資方，企圖逐個擊破，各自與其工人代表談判。但工人代表要求整體談判，因為彼此血脈相連，命運相同。結果拖延到 9 月 25 日，四電一煤的工潮才告解決。

解決的辦法，是雙方都各讓一步。電車工人獲加薪百分之四十至五十；港燈加薪百分之五十；電話工人加薪百分之三十至百分之七十，視工齡及工作而定；九燈加薪百分之四十至七十。煤氣方面的成就較大，除爭取到加薪百分之四十至七十之外，還爭取到工作滿十年可以自由退休，反映出當時煤氣公司實在銳意於發展它的事業。須知在五大公用事業當中，煤氣公司須加速建新廠，以及改革和修理各種煤氣供應設備，在在需要熟練工人工作。同時當時的物價，的確是難以使工友安心工作。由於煤氣工人爭得退休制度，稍後兩燈和電話也有退休制度的議定，這次工潮並未引起罷工而獲解決。

煤氣公司的戰後發展

煤氣工潮解決後，工人立即加緊工作，先將被戰爭破壞的煤氣街燈先行修復，又將若干戰時因停用多年的地底煤氣管加以溝通。原來，煤氣公司從英國運來新式的通煤氣管車，這部新設備的工程車，只須將煤氣管的地底井口蓋板揭開，將部件放進煤氣管內，就可以把塞在地底煤氣管內的雜物吸出來，使之貫通。最先修好的煤氣街燈，是政府合署附近的炮台里上的街燈，隨後沿下亞厘畢道和上亞厘畢道，到堅道和般咸道的煤氣街燈均已修復，因這一帶的地底煤氣管在日治時代常通煤氣，不必怎樣修理，也可供應煤氣。到1984年，煤氣公司的用戶已達六千戶，九龍方面的用戶較港島用戶略多。戰後煤氣收費為每千立方呎港幣十四元。當時九龍的煤氣廠，已由土瓜灣廠生產，佐敦道廠已經停止生產煤氣，這塊地皮，交回港府作其他用途。

當時煤氣廠全年的產量只是 9,300 萬立方呎，這產量遠遠不及戰前的生產水平，故煤氣公司自覺在四電一煤的五大公用事業中，煤氣的發展落後於其他的"四電"，必須作一全盤發展計劃，方能追上時代。當時本港經過戰亂，百廢待興，如果仍以戰前的水平來設計發展藍圖，實不足以應付香港的發展。於是來一個三年計劃，這個計劃是將以前的地底煤氣喉作全面的改革，裝上新而大的煤氣管，同時計劃集中在土瓜灣廠的生產，期以三年完成。

屈地街的煤氣廠，到 1950 年，仍然繼續生產煤氣，不過大部分的生產任務，已計劃由土瓜灣廠擔任。該公司的第一個三年計劃，是更換大口徑的地底煤氣管，當時先集中在港島區更換。看看戰後更換煤氣喉時，就知道 1864 年所裝的煤氣喉的情形了。

原來，由羅便臣道至山頂道的地底煤氣管，原為三吋口徑的，這時改裝為六吋口徑，即加大了一倍，更換這段煤氣管，於 1951 年前完成。跑馬地與銅鑼灣的一段煤氣喉，是在該等地區發展之後安裝的，約裝於 1927 年左右，這段煤氣管沿黃泥涌道達至禮頓道及加路連山一帶，原裝六吋煤氣管，也改裝十吋口徑的煤氣管，亦於 1951 年完成。在此時，加裝了大段煤氣管進入景光街一帶，於 1950 中完成。干德道上的三吋口徑管，亦改為六吋口徑管。這些新的煤氣管，全部由英國運來。

正當煤氣公司努力於發展戰後煤氣供應時，屈地街的煤氣廠，險些又發生慘案。那是 1950 年 9 月 23 日下午四時，屈地街的煤氣廠突然發出隆然一聲巨響，有人大叫救命。煤氣廠的警鐘大鳴，坊眾以為又發生煤氣鼓爆炸一類事件，但看不見火和煙，這才安心。後來消防員趕至，方知發生意外的地方，是煤氣廠內的露天煤倉的地面，突然陷下十五呎深，上面的

煤山，因此傾側，當時有三名工人正在工作，尚幸吉
人天相，僅受輕傷。

原來，世界各地的煤倉，都是露天的，因為煤並
不怕雨淋，煤氣廠的煤倉，自然也是露天。煤是製造
煤氣的原料，故要儲備大量煤炭，因此廠內就出現一
座"煤山"，剛巧當時運來大量的煤，煤山堆得高高
的，增加了對地面的壓力，於是地面就陷下。尚幸煤
山下面是一個貯水池，煤向下陷，被水池阻止它的陷
下的壓力，故煤的傾陷程度不大，未做成災害。

經過這一次煤山下陷之後，當局亦開始檢討屈地
街是否仍然應該為煤氣廠所使用。而煤氣公司亦覺得
港九分開兩間工廠生產煤氣，不但土地使用不合算，
就是人力也不合算。在雙方都有同樣需要之下，就逐
步將生產煤氣的主要任務，由土瓜灣廠負責，屈地街
煤氣廠的產量，逐步減少，最後放棄屈地街的廠址，
集中到土瓜灣煤氣廠生產。

1950 年煤氣收費有調整，調整並非加價，而是
減價。減價的辦法是：凡使用煤氣量在一萬立方呎以
上，每千立方呎收費十三元；凡使用煤氣在一萬五千
立方呎者，每千立方呎收費十二元五角；使用超過五
萬立方呎則每千立方呎收費十一元五角。用量越多，
收費越廉，每月使用不到一萬立方呎的，仍收每千立
方呎十四元。此項收費辦法，目的在吸引工業家使用
煤氣，以及吸引商用煤氣，吸引酒樓業和酒家、雲吞

麵店、食物店改用煤氣。也是配合該公司改換較大口徑的煤氣管而設。

煤氣的用量，一向有季節性，就是冬天用量多，夏天用量少，原因是冬天要用熱水洗澡，要用煤氣暖爐，這是住宅使用煤氣的情形。拓展商用和工業用煤氣，則可使煤氣的銷量增加。當觀塘工業區興建之時，煤氣公司亦進行敷設煤氣輸送管，把煤氣送到觀塘去。本港有若干工業要用煤氣，例如玩具廠，其中以合金製成的模型汽車等玩具，需要煤氣將金屬熔鑄，有些玩具上漆之後要烘乾，亦要用煤氣。煤氣用於工業雖不及電力，但有些工業非要用煤氣不可。因此煤氣公司亦隨城市發展而發展。

當獅子山隧道建成通車後，煤氣輸送系統，亦隨之而送至沙田，當荃灣一帶發展時，亦將煤氣輸送管送至新發展地區去。當每個地產機構要興建新型的屋邨時，煤氣亦隨之而供應。總之，它以同一步伐參與各項發展計劃。當港島發展東部和南部地區時，原本一條海底輸送煤氣管不足輸送大量煤氣，又再加設一條新海底輸送管，可見該公司不甘落後於其他公用事業。值得注意的是，如果煤氣生產仍然用煤的話，就無法隨著時代的步伐發展。試想：要多少煤才能生產這麼多的煤氣？那些煤要多少地方才能貯存起來？從前屈地街的煤倉存煤過多已引起地陷，若以現時供應煤氣每日以數十萬立方呎計，只怕單是貯煤就大傷腦筋。因此以煤製煤氣，已成落後的生產方法，該公司於 1966 年，即計劃改善生產煤氣方法。

新的生產煤氣方法，是利用催化劑，將重煤油化成氣體，而成新式的煤氣。這種生產方法，可節省大量貯煤的地方，只須用石油公司貯油的方法貯存重煤油就可以，而且可用自動化設備，將重油運至催化器內，煤氣即源源出爐。這套新的生產煤氣設備，於 1967 年初，自英國運來，立即在土瓜灣廠安裝。正當作大改革時，適逢 1967 年的騷動事件發生。這是該公司的關鍵時刻，不容受到騷動的影響，故該公司首先要求警方派員保護工廠，使整套裝備能依期建設起來。

到 1971 年，英國方面的煤氣生產方法又改進，除了用重煤油催化生產煤氣之外，亦可用石臘油生產煤氣。因此 1972 年，該公司又從澳洲運來一套用石臘油生產煤氣的設備，於該年 11 月投入生產。現在的煤氣，是用兩種原料製造，和初期用煤生產煤氣，完全不同。

1972 年，用重油催化生產的煤氣，每日產量為 1,250 萬立方呎，用石臘油生產的煤氣，每日可生產 400 萬立方呎。有了這兩套設備，煤氣產量比起用煤來生產，可謂一日千里。戰後初期每年只產九千萬立方呎，到 1972 年，一天可產近二千萬立方呎，一星期的產量，多過 1947 年全年產量的兩倍，可見發展神速。不過，隨著新設備的更換，以及工資的不斷增加，當時煤氣收費，也作戰後首次的提高，但計算煤氣用量的方法，仍然照舊。

現時計算煤氣用量方法，已不用一千立方呎為單位，而通用以"度"為單位，"一度"的計算方法，為十萬個熱量單位。用這單位計算法，是因為石油生產國提高油價，出現石油危機。煤氣的原料既已改用重油和石臘油，這些原料不斷漲價，如果仍以古老的一千立方呎為一單位計算收費，是無法應付石油危機的。當時其他公用事業因石油加價而用"燃油附加費"的名目來應付。煤氣如果不改用新制度計算收費，是無法適應變幻無常的石油危機的。這是該公司改用熱量單位計算收費的原因。

這種收費方法，是由1977年開始的，當時收費辦法：每度為四元七角，另加燃油附加費，燃油附加費則隨石油價格起跌而定。

目前煤氣公司除了土瓜灣的煤氣廠之外，另在荃灣建一分廠，以便將煤氣供應到新界各新市鎮去。[19] 又為了應付港島東區日益發展的煤氣供應，在鰂魚涌設煤氣鼓，以便將煤氣送往太古城及筲箕灣等東部地區。

19　編者註：煤氣公司最終並沒有在荃灣建設分廠。1974年，香港政府決定在大埔興建工業邨。工業邨落成後，煤氣公司在1987年於大埔工業邨新建了一個煤氣工廠。大埔煤氣廠在此後主力生產高壓煤氣，承擔整個香港95%的煤氣供應任務。而位於九龍的土瓜灣的煤氣廠，生產低壓煤氣作為備用氣源，基本處於備用狀態。

從前的煤氣輸送管，最初是三吋口徑和六吋口徑。十吋口徑在戰後初期已算大口徑的了。現在的輸送管，以直徑二十四吋為最大。最近該公司正敷設廿四吋口徑的輸送管，準備將煤氣送至新界各區去。這項工程，約於 1983 年才能完成。屈地街的煤氣廠址，現在已建成高樓大廈。相信住在該處的人，很多都不知該處從前是煤氣廠哩！

文武廟與香港教育

香港文武廟由來之考

文武廟是香港著名的古廟之一，它座落於香港荷李活道，位於城隍街之西，樓梯街之東，成為外國遊客來港觀光時，一處重點觀光地點。每天常有旅遊車駛至荷李活道，停於文武廟前。車上的外國遊客紛紛下車，到廟裏來參觀。由於外國遊客對文武廟內的神簽頗感興趣，他們見到廟內有些竹筒，筒上有很多竹簽，每條簽上，寫上數目字，向導遊員詢問這是什麼，導遊員解釋這是求簽的工具，並示範求簽的方法，說這是華人和神互通"信息"的方法，頗引起遊客的興趣，於是也紛紛求簽。

外國人求簽漸多，但文武廟內的神簽，都是用中文印成的，外國人不識中國字，他們求得靈簽之後，又要勞導遊員解簽，十分不便。因此旅遊協會向文武廟反映，有無可能為遊客特設一種有英文的神簽，以方便遊客？文武廟由東華三院管理，東華三院當局便於 1982 年初，編印了一本英文解簽書，書名"文武"，將文武廟內的神簽，全用英文詳細解釋。

這本"文武"英文解答書出版之後，十分暢銷，初版於幾個月內即售罄，立即再版。由此可見，文武廟雖是一間廟宇，但它對外國遊客有極強烈的吸引力。而它的歷史，亦關係到香港很多個方面，其中對於香港的教育制度，這間廟宇有極大的影響力。它的歷史和它的發展，與香港的發展有莫大的關係。

文武廟是間廟宇，廟宇是供奉神祇的建築物，是迷信的東西，它怎麼會和教育發生關係呢？研究起來，是極有意義的。

文武廟建於何年，已無可考。但從廟內的石刻廟聯，有道光三十年（1850）重修的字樣，而廟中的匾額和門前的石獅子，都有同治和咸豐的年號刻在其中，廟內的《重修文武廟碑記》則是光緒二十年（1894）所立的，碑中亦出貼一句"重修於庚戌之歲"，庚戌即 1850 年，就是道光三十年。除此之外，沒有更古遠的文物可考。

查《新安縣志》內亦無香爐峰下有文武廟的記載，因此無法考證這座文武廟始建於何時，但可以肯定，這間廟宇在本港開埠之前即已存在，但當時，只是一座山邊小廟而已。

文武廟之設，始於清朝，由於清朝是唐宋元明四代以來對關羽最敬仰的一個朝代，清帝屢次封關羽為關聖帝君，稱之為武帝，故民間多建關羽廟，作為對清朝統治者的政策遵奉的表現。有些鄉村，則不另建關帝廟，而將關帝合祀於文昌廟之內，改為"文武廟"。

古代的科舉制度，以文取士，故自古認為文昌帝君這位神靈是主持科舉的神。故唐宋之後，各地均有文昌廟，特別在明朝，文昌廟興建得更多。凡讀書人去考試，都先拜文昌帝君，祈禱這位菩薩保佑自己能高中。

到了清朝，由於清政府屢次加封關羽為"忠義神武靈佑仁勇關聖大帝"，民間便將關羽入祀於文昌廟內，而改稱為"文武廟"。因文昌為文昌大帝，關羽為關聖大帝，兩神合稱為文武二帝，是以稱之為"文武廟"，表示廟內供奉的是文帝和武帝，故可以肯定，荷李活道的文武廟，不會早於清代建成，當是在清朝中葉建成。

各地建文武廟，將關羽與文昌合祀一廟，亦有當時的社會基礎，因清朝除繼承明代科舉制度外，亦有武試之設。練武功的人，可以應"武試"，"武試"亦如文試一樣，每若干年舉行一次鄉試，武人都可參加考試，入選的武人，稱武舉人，武舉人亦可赴京參加會試，考到狀元。由於武人亦可考試，故亦需要一位菩薩保佑他們去考試時名列前茅。關羽既封為武聖及武帝，很自然就被視為保佑武人考試有好成績的神，把關羽合祀於文試的神文昌廟內，是很自然的事了。

文武廟因與科舉有關，故一向為鄉村父老極重視的廟宇，鄉村父老的年紀已經老了，自己與科舉無緣，但亦希望後輩能金榜題名，是以每逢春秋二祭，以及文昌帝君及關聖帝神誕，都親臨拜祭。一座廟宇便成為鄉村父老經常聚集之所，於是文武廟也成為鄉村不同宗族的旅長集議地方事務的場地，是以文武廟的性質，又成為舉行地方事務會議的會議所，它的作用又超越拜神範圍之外。

從前農業社會，除大城鎮有社學及學官等建築物供地方紳耆集會之外，一般鄉村，同姓的紳耆可在宗祠內集議鄉中事務，不同姓的各姓耆老，就要假座廟宇來集會議事。有些鄉村不同姓的父老集會時，多假土地廟舉行，因這些鄉村沒有文武廟，如有文武廟的，則在文武廟內集會。有些文武廟建於幾條鄉村之外，就成為附近幾條鄉村父老集會議事的地點了。

荷李活道的文武廟，是建於"裙帶路"邊，因荷李活道在本港開埠之前，實為一條小路，此路向山頂上伸展，西向薄扶林和香港仔，東則向黃泥涌、筲箕灣、柴灣等村伸展，文武廟所在的位置，是"裙帶路"伸至海邊的近碼頭之處，就地理環境而言，它是位於一處中心點。從薄扶林村、香港村、黃泥涌村、掃桿埔村、筲箕灣村、長洲、芝角村、長沙灣村，都可到達。從前交通未發達，陸上村莊鄉人步行而來，與離島及筲箕灣、柴灣等鄉村鄉人乘舟而至，所花的時間相差不遠，故文武廟是本港開埠前，附近各鄉村鄉人祈福之所。有重要地方事務商議，亦來該廟聚集。上省城考試的人，也來此廟祈福。從歷史上去看文武廟，便知道這間廟的保存下來並非偶然。不過，在本港未開埠前，此廟只是一間小廟，並不如今日的宏偉，今日文武廟建成如此壯觀，是香港開埠之後，因來港謀生的人眾多，於 1850 年集資重建而成的。故廟前門聯，有〝道光三十年〞的紀錄。

廟宇存留與社會公益的關係

廟宇能夠由小廟變成大廟，完全是靠地方人士捐款達成。地方人士何以會不惜捐巨金擴建廟宇？除了迷信捐資建廟可以積福之外，亦有其他原因的，這些原因可用社會學的觀點去理解，否則便無法解釋廟宇能宏偉地建成的原因。

〝社會學〞雖是一門新興的科學，但並不是說在未有社會學之前，就沒有社會問題和解決社會問題的方法。我國古代封建社會，沒有孤兒院、養老院之設。但對於救濟孤兒與無依老人，則常常借助神廟。在神誕之日，很多善男信女捐款捐米，借〝神恩〞而作社會福利活動。這種情形，現在仍可以看到，每逢神誕，各廟宇門外仍是乞丐雲集，拜神的人，亦照例向他們施捨，而很多神誕，亦都有派米給窮人的習慣。因此捐款給神廟，已視為一種慈善行為，而神廟亦因為是公眾的東西，管理廟宇的人是當年捐款最多的值理，他們視廟宇為公益事業，於是廟宇因捐款的人多，而不斷擴建。

有些廟宇因為對社會公益的事毫不關心，缺乏善男信女的支持，即所謂香火不盛，無人捐款，廟宇往往倒塌，無人修葺。文武廟於本港開埠後九年，即在1850年便加以擴建成宏偉的廟宇，其原因就是這廟宇對發展起來的香港的社會問題，有很大的幫助。當時在香港經商的商人，以及勞苦大眾，極需要文武廟來解決很多問題。因此人人都樂意捐款將文武廟改建。

香港開埠後，很多商人來香港與各洋行做生意，他們來香港定居，但他們仍然希望兒子在科場上金榜題名，故需要拜文昌大帝，他們就來文武廟拜神。很多商店開業，照例也要拜神祈福，文武廟是最接近商業區的廟宇，自然也來拜神，因此文武廟的香火極盛。

社會越發展，問題越多。很多人與人之間的糾紛亦接踵而出現。香港作為一個由外國人統治的城市，但來這城市謀生的人，卻是來自內地的，他們不懂得這個新興城市的法例，遇有糾紛，不知向哪一個衙門求解決，在無法找到公證解決的人時，就只有求神解決，求神解決的辦法，就是在神前發誓。文武廟當時，就成為解決糾紛發誓的地方。

在上述各種需要的推動下，當這座小廟頹廢不堪時，很自然就會有人集資將它重建，在有商人捐資支持下，把廟宇建得更具規模是很自然的事，這便是1850年重修文武廟的社會基礎。

香港早期華人的發誓形式

本港早期對於發誓的儀式，在文武廟內斬雞頭燒黃紙發誓，是被視為合法的，其中還有在神前擲杯碟發誓，表示清白。燒黃紙、斬雞頭、擲杯碟的發誓儀式，無非是發生糾紛的對方，為表示自己清白，在神前發誓時，說出如有欺詐對方，或所說如有虛偽，便如此雞、此杯、此紙，必無好結果。想不到此種發誓形式，竟被視為華人正當的發誓形式，在早期香港法院內，亦曾採用，可見其影響之大。

本港法院檔案中，有很多早期案件涉及誓願形式的。其中有一案，涉及第一任港督砵甸乍的秘書，這件案極為有趣。

事緣砵甸乍的秘書名為庵士利（A. W. Elmslie），他的妹妹嫁給英商勿迪臣為妻，勿迪臣於 1842 年返英，他的妻子留在香港，當時本港有一位英商名湯馬士比利（Thomas Braine）與她通姦。勿迪臣在英國接到朋友的報告，便在英倫循法律途徑下與妻子離婚。當時勿迪臣徵得香港家中的華籍傭婦高氏的同意作證，特地派人請高氏到倫敦去作證人。因為她是唯一見到湯馬士比利和他的妻子通姦的證人。

這件案子，由於與訟人雙方都是體面的人物，故在貴族院內庭審訊。高氏婦人是唯一的證人，當她作證時，她不肯按聖經發誓。她說：中國人不是用這種方式發誓。問她中國人用什麼方式發誓，她說出有斬雞頭、燒黃紙和擲杯碟三種，結果採納了擲杯碟的方法。她在發誓之時，說清心直說，並無虛言，如有半句虛言，將如此碟，砰的一聲，碟擲於地，當堂粉碎。

高氏婦於是將勿迪臣夫人和湯馬士比利通姦的情形，繪形繪聲地說出來。結果，離婚案成立，時為1846年7月2日，這是本港開埠後第一宗離婚案，也是本港居民赴英倫作證的第一宗案件。高氏當時的誓願方法，正是人們在文武廟中誓願時的方法，她將這方法搬到英倫去，而且為英國法律界所認許。

關於斬雞頭發誓的方法，高等法院檔案，僅有一宗，而且並不在香港發誓。不過這並不能證明早期香港的法定誓願方式，並無斬雞頭一項，因為在初級法庭發誓，高院檔案向不記錄，很可能在初級法庭發誓時，用過斬雞頭方法。馬沅在〈法定誓願程式之沿革〉一文中，有如下的描述：

查華僑訴訟事件，曾為殺雞擲杯擲碟之誓者，載籍所記，僅是大略，且稽諸高等法院檔案，未嘗有此類誓願案件之記載。該院成立於一八四四年十月一日，其時受理華僑訴訟已採用焚化黃紙之法。然載籍所記殺雞為誓之事亦祇一宗，為該院駐澳門監誓人員為之，其記載原是簡略：謂一八五一年二月十四日，有華人鍾亞陞因在港發生訟事，嘗自澳門呈遞誓章一件於香港高等法院，經該院駐澳委員白德力史超活監誓，並由遞呈誓章人舉行殺雞為誓云云。至關於擲杯為誓事迄未見記載。而所記殺雞誓願只此一事而已。前乎此者，事誠有之，亦惟當初本港初級法庭法定華籍證人之誓願方式，其事跡已無可考矣。

可見本港開埠之初，法院對於華人在文武廟誓願的方式被認可為合法程序，而其中燒黃紙發誓，則很早就被採納，直到 1860 年然後廢止。總之，文武廟是當時香港市區唯一的古廟，外國人亦可以到來參觀，他們看見各種誓願方法，且見其認真情形，故予以認可。

香港華人社會事務集議之地

文武廟內的發誓方法，影響到初期法院的誓願程式，亦足見這座廟宇對香港影響之大。但它的影響力還不止此，本港創立東華醫院時，文武廟又成為籌備處，全港華商，都來文武廟開籌備會議。故當東華醫院落成之時，開幕儀式，亦先在文武廟舉行。1872 年 2 月 14 日的英文《中國郵報》，曾記其事：

晨早，值理約七八十人，在荷李活道文武廟側之公所齊集，各人皆著官式禮服，甚至拖翎者亦有。八時少許以前，巡遊先經本城華人街道，巡遊之中有中樂及各種會景中常有之儀仗，行頭者為大燈籠一對，上書"東華醫院正式開幕"字樣。巡行至公所乃暫停一息，值理即於此處加入，當巡遊返程起行時，鳴炮三響，全體遂向中央書院進發⋯⋯

這段記載，說明文武廟成為香港華人集會討論公益事務之所，為了撥出地方供人們開會，故廟側建一座"公所"，作為集會之地。當時東華醫院的值理，先齊集文武廟來，他們先向文昌和關帝上香，然後在廟前等候開幕巡遊隊伍到來，才加入行列中。當加入行列時，鳴炮三響，這三響炮是向文武廟致敬的禮炮，炮的結構並非大炮，只是用火藥和硫磺製成的炮，是一般廟宇常用的禮炮，可見當時華人對文武廟的尊重。這座廟宇能夠保全至今，與廟中的菩薩是否靈驗無關，主要是它對香港社會所起的作用。它對社會工作起的作用大，香火就更旺。

上文說過，廟宇對社會福利事務辦得好，香火一定盛，廟宇的規模必然宏偉。對社會工作完全漠視的廟宇，必然香火日衰，廟宇就倒塌，久無人修葺，變成廢墟。所以我們對廟宇的興替，不能以迷信觀點去研究，並非靈驗的神，其廟宇香火一定旺，不靈驗就一定衰落。廟宇的性質，是古代的"社會福利機構"。辦得社會福利事務多的廟宇，人們進廟拜神，當作行善，捐款給廟宇，亦作為行善行為，故香火就盛。香火盛即人多拜神，拜神的人多，其靈驗率必然大增。

227

譬如一間廟，有一萬人來上香，這一萬人來自各階層，各人的謀生方式不同，其中必然有人會財源廣進，財源廣進的人，便認為是神靈保佑他，於是便來還神，把收入的一部分捐給廟宇，以酬神恩，這廟便靈驗了。拜神而事業失敗了，不會說這廟的神不靈，他只會歸咎自己的命運不佳，連菩薩也不保佑自己了。所以越旺的廟，香火越盛。

文武廟由於在建廟之初，已是一處集議公眾事務的地方，及香港開埠後，又成為集議香港華人社會事務的地方，因此可以說長期在公眾監督之下發展起來，是以沒有神棍敢混跡其間，而廟中的收入，亦在值理監督之下用於公益方面，故廟譽一向良好。由於東華醫院籌備時假文武廟集會，開幕時也在廟內集合，文武廟便和東華醫院結下不解之緣，廟中的值理，通常也是東華醫院的值理，放在廟中的香火錢，亦用於社會。

文武廟值理，向由街坊擔任，這間廟雖在荷李活道，但所屬的街坊，並不限於荷李活道，而是以荷李活道為中心點，東可至中環，西可至西營盤，南及於堅道之上，北可及海旁一帶。因此每年所選出的值理，都是本港著名的華商。

文武廟興辦義塾

《東華三院嘗產之設置及現狀》對文武廟在本港開埠初期的發展，有詳細的敘述，其文云：

> 荷李活道文武廟之落成日期，已無可考，惟根據廟內所存銅鐘乙座，其購置日期為道光二十七年，即公元一八四七年，距今已一百一十餘年。據查當時文武廟之管理辦法，係由街坊集眾開會，推舉值理處理一切廟務，收支數目，俱公開徵求坊眾意見而作決定，以昭公允。文武廟每年中收益，以廟租收入為主，積存所得，俱撥作興辦義學之用。然辦學所需經費，實非區區一所文武廟之月中租項收入足以應付。故當年值理諸公，皆以增置廟產，以裕固定收入為最穩當之開源良策。一方面可增加固定資產，其次對義學不敷之經費，更可從租項收入獲得補助。
>
> 同治十三年，歲次甲戌，公元一八七四年，文武廟已積存公款頗多，遂由當年值理，召集坊眾公議，將該廟積存銀兩，移作建造嘗舖之用，後於同年以四千三百四十兩，由元昌號譚帝建成廟產（分上下街）一連十一間，坐落文武廟側必列啫士街，並以月租九十五元，全部租售與譚信記。……

這是文武廟初次購地建築廟產的情形。

由此可見文武廟在 1874 年時，已經開始舉辦義學，興辦義學的經常費用，由所購置的房產租項收入支持。當時購地建成樓宇十一間，只用去四千三百四十兩銀，年間樓宇所花的建築費不足四百兩，可見當時的物價是如何的平，而十一間舖每月收租九十五元，這九十五元的經費，已足夠舉辦一所義學了。香港在二十世紀七十年代實行九年免費教育，很多人以為香港政府一向以來都重視教育問題。但其實在開埠初期，香港政府是忽視教育問題的。當時在香港推動教育的，除天主教會和基督教會之外，就是文武廟。香港政府只資助教會學校，沒有資助華人學校，華人學校多由當時的老師宿儒，在港設立學塾，推行中文教育，但這些學塾的學費，不是一般勞苦大眾所能負擔的。文武廟是一所社會共同監督的廟宇，廟中的值理看見貧苦兒童無法讀書，因此舉辦義學，實行免費教學。研究香港教育史的人，多不知中文免費教育，是由文武廟提倡的，而不是香港政府提倡。而且文武廟義學的學生，連紙筆墨書籍等，都是免費的，比起一些以傳教為目的的學校的服務性質，更為深入。

文武廟義學，當時稱"文武廟義塾"，因那時代還未有學校這名稱，仍稱書院，書院是比學塾高一級的，學塾是相等於現時的初級小學的性質，老師主要是做啟蒙工夫，教學生認字和寫字，教些基本的啟蒙課本。

文武廟義塾的校址，就在文武廟旁邊。當時聘請兩位老師任教，每位老師的年薪是一百二十兩。清代的習慣，無論是商店請伙記，或學塾聘請老師，都是一年為期的，故薪金亦以年薪計，但支領薪水，則可逐月借領，到歲晚才結算。當時一般塾師任職之前，必詢問教多少學生，通常一位塾師，以不超過三十個學生為度，若超過了，便嫌太辛苦。文武廟義塾，初時亦以三十位學生為額，兩位老師，即共收六十名學生。

當時的學塾制度，以五年為期，即等於五年級。第一年入學，為訓蒙班，教的課本是《三字經》和學習禮儀，然後兼教《千字文》和《幼學詩》，這三本訓蒙課本，書面是用紅紙裝訂的，故俗稱之為"紅皮書"。由第二年開始，教《孝經》及《論語》，以後幾年，除教珠算外，則教《大學》、《中庸》和《孟子》。總之，教的是"四書"。

這種規制，是和一般學塾的制度相同，並無偷工減料。老師對於學生，管教特別嚴格，故開辦第一年的中期，文武廟義塾的聲譽立即傳遍香港。原來入學的學生，因第一年老師重視教禮儀，這些學生與未入學之前，判若兩人，街坊鄰里見他完全改變，變得待人有禮，儀表也變得好了許多，因此到了第二年，很多有錢人家，也到文武廟義塾去報名，他們不是貪圖免費，而是認為文武廟義塾的老師教導有方。這一來，使很多清貧兒童無法入學，文武廟值理不能不想辦法應付。

筆者並無誇大文武廟對香港教育的貢獻，上述的情形，有書為證，但在引錄書中記載之前，先得說明一下。文武廟因與東華醫院有密切關係，後來文武廟的廟產，亦撥歸東華醫院代管。故文武廟義塾，後來也改稱東華三院義學，現時的東華三院學校，有很多是由從前的文武廟義塾改建改革而成的，因此東華三院義學的歷史記載中，有當時文武廟義塾興辦的情形。《三院小學沿革暨中學之籌建》，有〈辦理義學之萌芽時代〉一章，其中記云：

義塾成立之後，所收清貧子弟，一律免費，值理等更私人捐贈筆墨書冊，鼓勵向學。館師束脩，每年二百四十兩，另津貼茶水雜費十餘兩，全年經費不過五百元，全由文武廟嘗產項下撥支。

義塾所授課本，不外《三字經》、《千字文》，較高深者，亦不過四書，目的祇求學童們能有約束之處，使知書識算，稍懂禮儀而已。並未想到能引起社會極大注意，校務日趨發達，而有今日之理想成就也。

當時香港各階層人士，已漸知道知識與教育之重要，書香門第，固然督促子弟用功，一般失學者，本身受文盲之痛苦，亦深欲子弟向學，是時香港中西學塾雖眾，但學雜費用，絕非一般日謀升斗之小市民階級所能負擔，一旦發現有免費義塾，當然紛紛設法將子弟送塾攻書。

另一原因，即當時一般學館，多為專家延聘，館師怕開罪東主，姑息學生，管教自不敢過嚴；反之，文武廟所屬義塾館師，則無此顧忌，對學童功課與品德，管束特別嚴屬。比較之下，當然獲得學童父兄讚美。

辦理數年，學童激增，雖然增聘館師，仍感不足應付。值理見此情形，不得不稍加限制，指定申請入塾學童，必須街坊證明屬於家境清貧，而且年齡須在十三歲以上，而不超過十五歲者。同時在塾讀書時間，無論聰明笨拙，一律不得超過五年。

看了以上這一段記載，便知道文武廟義學當年的教學成績。當時由於政府全無實行免費教育之心，甚至沒有辦廉價的官立小學之心，只略略資助一些教會學校，聊表沒有忘記教育之意，遂造成社會上的貧苦學生，都到唯一辦免費教育的文武廟去求學，令到文武廟義塾，不勝負荷。再加上一些有能力讓學童入私塾的也來爭學位，文武廟的值理，只好用消極辦法對付，把學童年齡提高，以及考核學童家境，作為甄別的手段，這是無可奈何之事。

政府對這種情形，依然視而不見，於是文武廟的值理們，包括當時東華醫院的值理，不能不想辦法擴充文武廟義塾，繼續推行免費教育。原來，文武廟的廟產，亦逐年增加，有了經常的收入，就可以增加辦學的支出，故文武廟自辦義塾之後，先後已購置樓宇多間。

　　根據文武廟物業紀錄冊所載，自 1874 年購十一間屋宇作為辦學基金之外，於 1876 年，即光緒二年，以四千零三十二兩代價，投得文武廟前面的吉地一幅，在這吉地上加建石壘，此地用來搭棚建醮及演神功戲之用，收入亦撥作教育基金。到了光緒十八年（1892），以二千八百八十四兩銀，購入上環希利街 11 號舖位連樓宇一間，收租作為辦學之用。

　　這時有了兩項的經常收入，文武廟義塾，就可以擴充了，當時一間可容六十名學生的義塾的經費，每年約為五百兩白銀，多了這兩項嘗產的收入，連同十一間屋的租項，便可多辦三間義塾，故於 1893 年，文武廟值理，開會計劃多辦三間義塾。

　　當時各值理認為，西營盤是華人住宅區，該區最多失學兒童，政府又不重視中文免費教育，而坊眾對文武廟義塾寄望極殷，擴充此項免費教育，急不容緩，故新的義塾，應設在西營盤。當下決議在大道西租用校舍，開辦三間文武廟義塾，共收 180 名學生。

　　文武廟的免費教育政策，深受社會歡迎，故獲得很多社會人士捐款資助。每一間義塾的學生，筆墨書籍和練習簿，都由熱心人士供應，完全免費。一般學生在義塾攻讀五年，即可應付各種文牘和會打算盤，畢業出來，謀生較易，很多商店都樂於聘用文武廟義塾的畢業生，這等於社會上支持文武廟辦學。學生有就業機會，又使更多貧窮子弟入學。

當時文武廟辦學，只集中於香港島，對九龍完全忽略，值理認為美中不足，於是在 1897 年，開會議決，在九龍油麻地開辦文武廟義塾。是為九龍方面有義塾之始。

九龍城砦內，本有龍津義學，但這間義學，並不是供失學兒童讀書的學塾，而是一間社學，屬於較高級的書院，是完成了初級課程之後才進去深造的學府。用現在的教育制度來比較，義塾即是免費小學，義學則是免費中學，一般是完成了私塾的教育，成績好的，才到龍津義學去聽老師講學。因此，油麻地文武廟義塾實際上是九龍方面第一間免費小學。

這間義塾，設於油麻地榕樹頭天后廟旁邊。油麻地天后廟兩旁，均建有公所式的建築物。其中一間是舊公所，一間是新公所，公所面積極大，因此文武廟值理向天后廟值理商借其中一間公所來辦學。天后廟值理也是由街坊選舉出來的，他們知道文武廟辦學成績好，不僅肯借地方，而且各值理亦答應資助貧苦學生筆墨書簿費，於是這間義塾便順利辦起來。

現在油麻地天后廟旁，仍有“書院”和“公所”兩建築物，是當年留下的遺蹟，這間義塾一開辦，即受到社會人士擁護，報名的人空前擠擁，原先只收學生六十人，竟有超過六百人報名，一時令文武廟值理和天后廟值理難以應付，立即召開緊急會議應付，結果各值理決定用"執籌"的方法解決。

關於文武廟開辦油麻地義塾時的情形,《三院小學沿革暨中學之籌建》曾記云:

其中以油麻地義學請求入塾之學童最多(因九龍義學僅此一間),惜校址所限,無法盡數容納。當年值理梁培之、周少歧等,乃提出執籌入塾辦法,以求公允。凡擬入塾學童。於開館之前,集體抬閘,中簽入塾入學,其餘不中的,祇好再候次年。

這一段記載,並無誇大。事實上在光緒末年,本港已出現嚴重的兒童失學問題,而港府完全視而不見。那時港府的高官,大部分是殖民地官員,他們只懂得以武力去解決社會問題,不會分析社會問題的發生,完全是由於社會有一種急切要求而形成,遇到教育問題時,覺得它不會做成動亂,便不去理會。數以千計的兒童,聽到油麻地有義塾,便湧去報名,並不為奇。本港戰後政府開始辦官立小學時,也是天未亮就有學生家長帶他的兒女去排隊報名的,何況當時油麻地,只得一間義塾。

上引《沿革暨籌建》一書,有一段記云:

五十年前,新學制尚未頒行,各館師每年年終尾禡收館後,循例全體恭辭,由值公議,選教授成績卓著者,再送關書敬聘。如果街坊感覺不滿，就准予辭館，另聘賢明。聘定館師後，由每年陰曆正月十五啟館，在去年終為止。

這種聘請老師制度，等於由社會監督老師的教學態度和方法，故成績極佳。

文武廟義塾對香港教育制度的影響

當時香港的中文教育，完全不被當局重視，既沒有官立小學，又沒有香港出版的中文教科書，可以說完全沒有教育政策，連教育司亦未存在，只有任由華人自己發展。自從孫中山先生在香港鼓吹革命，康有為、梁啟超提倡維新之後，港人已知受教育重要。那時在香港開學校，是一門可以發財的生意，因為讀書的學童多，學費可以任意訂定，有名望的老師授課，可收高一些學費，普通一點的教師，收費平一點，但可多收一些學生，故港九市區，都有很多"學店"。只有少數的幾位熱心教育工作者，辦收費不昂的學校。這些人，不是康梁維新派的同情者，就是孫中山先生革命派的同情者。

1905 年，國內已取消科舉制度，大辦學校，廣州廣雅書院等幾間高級學府，已改為高等學堂，其他的學塾，亦改為學校。那時開始編印新的教科書，這些教科書，立即被香港學校所採用。查新編的教科書，

有國文、地理、歷史、算術、修身等幾種，已不是
《三字經》那幾本紅皮書。但文武廟幾間義塾，對於這
批新的教科書，還未採用，因為很多學生家長思想仍
極保守，他們對新生事物不易立即接受。文武廟義塾
的經費由廟產支持，廟產是由街坊捐贈出來的，故常
在街坊監督之下，街坊反對用新課本，只好繼續仍用
舊書教學。但各值理有很多贊成用新課本的，他們買
了一批新課本在義塾，看學生的反應。

《沿革暨籌建》中載云：

　　值理周少歧鑑於其他各學校，均一律採用新書教授，
則東華醫院各義塾（按：後來文武廟義塾改為東華醫院義
學，故稱“東華各義塾”），為配合時代需要，亦應與其他
學校一致，免肇落伍之譏。因此特在文武廟嘗產項下，撥銀
一百五十元，採購國文、修身等各種課本一批，存放文武廟
義塾內，以備學生購讀，此舉為東華義學第一次適應潮流的
大改革。但該批新書，究竟不易被館師及學生家長所採納，
售出極少，其餘惟有作獎品，陸續頒給學童，作為課外讀物
而已。

　　該書又載云：

　　兩年後，至一九零七年正月啟館時，東華各校全部人
滿為患，連香港各義塾，亦不得不效法油麻地義塾採取“執

籌"入塾辦法,但"執籌"之後,竟發現流弊。

其中不少"執籌"獲得入學機會之學童家長,貪圖小利,將執得之籌,以相當代價讓與落選者,由落選者冒名入塾。一旦發現此事,當年總理鄧志昂、何棟生等,誠恐外間不察,蜚短流長,影響校譽,為防微杜漸計,規定凡"執籌"中籤的學童,須立即赴當年總理余寶琛所經營之攝影室映相留底,入塾時,由塾師依相查對。雖然手續較繁,但假冒入學之弊,得告消減。自此,見相入學便成規例。

這一段記載,雖短短二百餘字,但對研究香港教育史者,有莫大的參考價值,文中內容,道出了本港教育發展中一些沿革。

現時香港入學報名,需要照片,這種制度,原來是由文武廟義塾始創的。本港於 1895 年間,已有人開設攝影室,這些攝影室是新興事業,專為市民拍照留念,或拍全家照片、團體照片等,還未有"學生相"服務。在當時的攝影室,無論如何,也難以想到這種新興行業,後來會有數以萬計的學生成為顧客的。

當時文武廟義塾由於仍採用舊的四書作課本,受坊眾歡迎,因此出現買學位的現象。為了杜絕收買學位,就採用照相的方法,到入學時,教師點名看相,認出入學者的相貌和照片相同,才准上課。這種制度在文武廟義塾行之有年,成為一種制度後,其他學校,亦行此方法,於是便有"學生證"的產生。

當年余寶琛的攝影室是免費為文武廟各義塾的中籤學童照相，每年無償地工作一次。但自“學生證”制度形成後，他的攝影室也做了不少生意，且為整個行業帶來無窮的業務。他是攝影室業的功臣，而文武廟則是更大的功臣。

　　香港政府看到每年有很多學童排隊到文武廟各義塾報名，而又很多人執籌不中籤，應該立即開設官立免費小學才是，但當時香港政府仍不肯撥款普及教育，卻靈機一觸，認為華人廟宇既有大批經費來源，正好利用廟宇來辦學，於是在 1908 年，頒佈第十號條例，指定本港若干廟宇，移交東華醫院管理，其一切收益，用以辦學。

　　當時文武廟的廟產最多，故立法先由東華醫院接管文武廟，法例中有一條規定：“文武廟之基金，用以維持香港義學，俾華人得受中文教育。”看了這段條文，便知道當年港府是用如此便宜的方法來提倡中文教育。

　　自 1908 年開始，本港的免費小學，除文武廟義學之外，便有天后廟義學、廣福祠義學、洪聖廟義學等免費小學開設，這些義學，都是由各廟宇的廟產支持辦理，又由東華醫院負責管理。那時中國已開始辦學校，故原名文武廟義塾的學校，全部改稱文武廟義學。

　　利用華人廟宇的嘗產來辦免費教育，是由文武廟而起，後由東華醫院管理，但東華醫院其後合併廣華醫院和東華醫院而成東華三院，三院仍未便將文武廟義學、天后廟義學等學校，改為東華三院義學。因為各總理認為，所有學校經費都由各廟宇嘗產收入支付，應保持各該廟宇的名字，因此各廟宇義學之名稱，一直保持到第二次世界大戰爆發。第二次世界大戰之後，由於文武廟義學的校舍在此時有被炸毀的，有被歹徒拆去木料作柴用的，殘破不堪，需由東華三院重建；而戰後本港建築條例對學校的規格已要求現代化，建築費又龐大，非廟產能應付，須由各總理捐資重建。故自戰後開始，各廟宇義學，通通改為東華三院義學。文武廟義學已成歷史名詞，年青一代，多不知免費小學，是由文武廟所提倡。

《沿革暨籌建》載云：

一九零八年（丁未），香港政府公布第十號法例，其中《文武廟移交東華醫院保管則例》內，指定"文武廟之基金，用以維持香港義學，俾對華人得授與中文教育"。換言之，即指定廟宇嘗產撥為三院義學經費。

於是三院所有義學開支，均由文武、天后、洪聖及廣福祠等廟之嘗產撥充。當時，計文武廟支持下的各義學已擴展至十四間，天后廟支持之義學有兩間，廣福祠支持者有兩間，共計十八間，分布於中區、西營盤、灣仔、油麻地等區，全部學生達二千餘人。各校名即冠以所受支持的廟宇之名為首，如文武廟義學，廣福祠義學……等。

一九一零年在東華三院主席劉鑄伯任內，選出甲班前列學生八名，選入南華公學深造，概行免費，既鼓勵學生之用功，亦使清貧子弟獲得深造機會。一九一二年，民國成立，各校之制度雖沿舊貫，但已陸續改用新課本，以適應時代之需要。延至一九二四年，香港大罷工後，各校制度始全數改用新制編班。

這一段記載，說明戰前各校均冠以廟宇之名字，而文武廟所辦的義學極多，凡十四間。其次，又指出當時各義學的編制，以甲班為最高年級，以下為乙、丙、丁等班。甲班成績佳的學生，可免費升入南華公學去讀書。南華公學是清末民初的一間中學程度的學校。

南華公學是當時劉鑄伯出資經營的中文學校，程度相當於現時的高小至初中之間，學生多由各學塾卒業後入學深造，是一間收學費的中文學校。當時劉鑄伯讓在義塾讀書成績好的學生，有升學的機會，特捐助學費。這是中文學校有獎學金之始。文武廟義學，也曾接辦無法經營下去的私校，把收費的私校，變為免費的義學。同時，在長期辦學及具有成績的影響下，政府亦不能不撥款資助，成為中文學校首次獲得政府所選補助的學校，可見文武廟對香港教育制度的影響力。

1928 年，由於文武廟義學已有十幾間之多，學校由東華三院管理，東華三院不能不委派專人巡視各學校，於是產生"視學"制度，聘請當時有教育經驗的人，作為文武廟義學的"視學官"，全職管理各學校，形成一套視學制度。

是年，跑馬地黃泥涌內有一間私立學校"蒙養學堂"，係由港商陸灼文出資創辦的，陸灼文其時年老多病，無法兼理校務，於是呈請政府，要求政府派員接管，俾這間學堂能夠保全。當時"蒙養學堂"的學生，大部分是馬會員工子弟，假如這間學堂停辦，影響馬會員工子弟求學，因此當局接納呈請，但不是由政府改為官立小學，而是叫文武廟接辦。於是這間"蒙養學堂"在當年 9 月，就改為文武廟第十五義學，從前雖然收費低廉，現在改由文武廟接辦，反而不收費，頗受坊眾歡迎。

當年文武廟接辦"蒙養學堂"時，因"蒙養學堂"是收學費的學校，學生於暑假之前，多已交了下學期的學費，故當 9 月開學，該校改為文武廟第十五義學之後，便將學生的學費，全部退回給學生，一律免費。

這間文武廟第十五義學，是第一間獲政府津貼的中文小學，原因是當時"蒙養學堂"的校舍十分狹窄，而收學生達六十人之多，光線又不足，因那是一座小平房。三院總理要求政府撥地擴充校舍，後來當局在景光街，撥地興建新校舍，並於 1929 年開始，每年撥款八百元，津貼文武廟第十五校，這是政府建中文小學校舍，及津貼補助免費教育之始。

當時是金文泰任港督的時候，金文泰對中文教育極重視，當年他在香港大學，設中國文學系，對於貧苦大眾的教育，亦極關注。是以他除撥景光街地段興建義學校址之外，又將桂芳街一幢物業，撥給該校作為嘗產，租項收入撥作經常費用。因當時政府正發展跑馬地成為住宅區，桂芳街建了很多政府樓宇，用來徙置又補償原來的黃泥涌村村民，其中一間餘下來，便將這一間撥給該校為嘗產。

此外，又將筲箕灣東大街福德祠左鄰的一塊吉地，撥給文武廟，興建文武廟第十六學校。該校建築費四千餘元，只能收容四十位學童，於 1928 年 11 月 13 日開幕。筲箕灣的漁民子弟，這時才開始有機會接受免費教育。

文武廟義學一系列現代化改革

在 1928 年之前的文武廟義學，是採用私塾式教學法的，這種教學法，在當時香港是很流行的，差不多大部分私校，都用此種方式教學。所謂私塾式教學法，是高年班學生和低年班學生，同在一個課室上課，用現代名詞形容之，可稱為 "複式"。譬如一個課室，可容四十名學生，一年級的學生十名，坐最前一排；二年級學生十名，坐第二排；三年級學生十名，坐第三排；四年級學生十名，坐第四排。由一位老師任教。老師在教一年級學生時，二三四年級學生，則作習字、溫習及默書；教完一年級學生時，則一年級學生習字，老師教二年級學生時，則三年級學生默書，四年級學生溫習；到教第三年級學生時，一年級學生默書，二年級學生溫習，四年級學生作文；輪到教四年級學生時，則三年級學生作文，這樣輪流教學。實則每一級學生，每日只得二小時由老師授課，但老師則終日忙個不了。

這種 "複式" 教學法，是中國傳統的教學法，自古即用此法教學，從前讀得起書的人不多，每一間私塾，每年只收十個八個學生，如果不用此種方法教學，老師的生活費就不能維持。如果收學費太貴，學生就更少。這是古代農村經濟所產生的教學方法。到民國以後，教育普及，才改為編班制，每一班有學生三四十人，才能編班，如果不足三四十人，也是無法編班的，是以到 1928 年，仍有複式教學。

相信現時從事教學的教育工作者，一定會懷疑當時文武廟義學用此種 "複式" 教學法的成績。筆者手頭上有一本文武廟義學特刊，其中刊登不少該校的學生習作，試舉其中由蒙養學堂改編的文武廟黃泥涌義學中的一名小學一年級學生周桂娣的習作，就可證明成績不差。

　　周桂娣的習作，是將廣州話譯成文言文。相信當時一年級學生除教課本外，亦教由俗語譯成淺白文言，否則不會選其習作刊於特刊上。周桂娣的習作，第一題是將俗語"你曾經見佢唔呢"，譯成文言為"汝曾見之否"。第二題俗語："個的老鼠住係天花板裏便"，則譯成"鼠居於天花板中"。第三題俗語："學生做完功課，就同埋番去屋企"，譯文為"學生功課畢則同還家"。

　　從這三條習作，可知文武廟義學雖然用舊式的教法教學，但成績亦不差的。試請現時一年級學生，叫他把一句廣州話寫成白話文，恐怕也不是人人能做到。但從上引的習作亦可以見到，當時文武廟的老師，雖然不是經過師範學校訓練出來的老師，但一般都有同一教學目標，這目標是務令學生在讀滿四年之後，能夠代人寫信。由俗語訓練譯成文言文，目的就是訓練學生能將別人的話變成書面語。須知多年前本港社會對一位只讀過四年書的人，只要求他能寫信，以免被譏為"讀咗咁多年書，信都唔識會寫"。訓練將俗語譯成淺白文言，就是訓練他能代人寫信。

　　欲研究文武廟義學的課本和教學法，因搜集資料困難，只能從個人收集的有限資料中設法考證。查本港教育司署有一圖書館，但自遷址後，已將屬於前期教育的課本和史料送與另一機構，而另一機構則認為無甚價值，於是不知去向。文武廟義學後來改為東華三院義學，很多史料亦在戰時及校址拆建時散失，無從找到資料研究當時的教學方法，筆者只能就手頭上的一本文武廟義學校刊，從學生的習作中探討當時該校所用的課本及教學目標。在文武廟東區義學的三年級學生何振淇的習作中，有"勸友勿飲酒書"，就此信的開頭有"比維起居迪吉，福祉日隆，為題"等句，可知當時小學三年級學生，已有"尺牘"課本教學，那些開頭的幾句用語，是《噯術集》和《秋水軒尺牘》所常見的，這兩本書可能是當時的課本之一，這是筆者的推測，可能不真實。

又文武廟東區義學四年級學生鮑家有的習作，題為"中秋賞月記"，文中有"勝地不常，良辰難再，浮生若夢，為歡幾何？古人秉燭夜遊，良有以也。況天空照我以皓月，學校給我以假期"等句，這幾句取自古文"春夜宴桃李園序"，是《古文評註》收入的一篇文章。從這習作又可以測知，當時文武廟義學的四年級，必以《古文評註》為課本，否則學生習作中，不會如此引用這篇古文的句子。

從這些零星的資料中，亦可以見到文武廟義學雖然用舊式的私塾方式上課，學生成績並不差，無怪有些能負擔子弟入私校的家長，亦希望其子弟到文武廟義學去求學了。

文武廟義學於 1929 年開始大改革，改"複式"而為"單式"。第一間改革的是文武廟第四義校,第四校的校址在德輔道西248號三樓,當年因246號、250號和252號三樓租約期滿,將這三層樓宇收回,然後把四層三樓全部打通,裝修成四座課室,於是一班一個課室的制度開始確立。

除一年級招收新生外,其餘二、三及四年級的學生,則由文武廟第四校、第七校和第十校的二、三及四年級學生撥來,將第四校的名稱改為文武廟西區免費學校。這樣,每一班都有學生四十人,而加聘一位老師,於是每一班都有一位班主任老師。

第二間改革的是文武廟第一小學,這間小學原設於文武廟公所內,是年將公所後座改建為三層式的三合土樓房,共有課室六間,於是將附近的六間文武廟小學,合併為文武廟中區免費初級小學校,這是文武廟義學有完整三層高一幢的校舍之始。該校舍共用建築費一萬三千二百元,於是年(己巳)歲晚十二月初八日,敦請周壽臣主持開幕禮。同年歲晚,當局將蒙養學堂新建校舍移開,也是一幢三層,共三課室的校舍,稱文武廟黃泥涌免費小學。

現時本港有學生保健計劃,學生參加保健計劃時,要交有限的保健費,這種保健制度,原來也是文武廟首創的。1929年的東華醫院主席羅文錦先生,他在巡視文武廟各學校時,發現部分學生寫字時把頭垂得極低,因此懷疑學生視力不足,事後他聘請當時的名醫黃錫滔醫生，分批為各校學生檢驗眼科，對於患有近視的學生，則免費為他們配眼鏡。比起現時的有限收費的保健計劃實惠得多了。

文武廟義學在兩年之內，即將從前私塾式的制度全部改為現代化制度。1930 年，在文武廟嘗產內撥出六萬餘元，購入剛填海完成不久的駱克道的四幅地段，興建四層高的校舍，將文武廟五校、十一校、十三校及洪聖廟義學合併，在駱克道新校址上課。新校命名 "文武廟東區免費初級小學"。

文武廟辦學以來，一向都只收男生，而不收女生，這是由於該廟辦學之初，仍在滿清帝制時代，其時重男輕女，故只辦男校。各值理一律蕭規曹隨，雖擴展到十六間之多，依然是男校。直到 1931 年，由顧成坤任主席時，才建議開辦女校。但當時文武廟的嘗產，已抽出六萬多元建駱克道新校舍，文武廟可供使用的資金無多，恰巧廣福祠嘗產有一筆資金可用，便將皇后大道西 285 號及 287 號兩層四樓打通，作為女子義學的校址，開辦第一間女子義學，名為 "廣福祠女子義學"。

當時顏成坤主席，認為一間女子義學實未足夠，但各廟宇廟產已無資金可供發展女子義學之用，他希望各總理支持此項有意義的行動，由東華全體總理捐資，於灣仔軒尼詩道 201 號四樓，再辦一間女子義學。由於此女子義學的經費由各總理捐出，故名 "東華醫院總理女子免費學校"，這是用東華醫院名義辦學之始。

戰時及戰後的文武廟義學

　　1939 年立法局通過《教育條例》，取締私塾式和學店式的學校。這條教育新例是由於當時香港的局勢起了變化而頒行的。自 1937 年 7 月 7 日盧溝橋事變之後，華北和華中各地區有大量人口湧入香港，及到日軍登陸大鵬灣而攻廣州，廣州淪陷前後，大量華南居民亦湧入香港，香港原來只有六十多萬人口，驟然增加一倍，達一百二十多萬人，隨著人口的移入，亦有很多學校隨著移進香港來。

　　廣州方面的著名大學和中學，都準備在香港設立香港分校，而各同鄉會亦鑑於避日軍之亂而來香港的同鄉日多，也紛紛開辦學校以免同鄉的學齡兒童失學。本港的若干學店，亦因求學兒童增加而濫收學生，於是課室極為擠迫。當局為了取締這些學店濫收學生，以及限制外來學校在港因陋就簡設立分校，故制定新例，對課室和校舍，作出很多的限制，對於師資的考核，亦採取嚴格的面試制度。不料這一來，卻影響了文武廟各學校。

　　1939 年新的《教育條例》規定學校必須有防火設備、衛生設備，以及光線充足，每一課室不能超過 40

人，老師亦必須經教育司審查批准才能教學。此條例阻礙了很多原由廣州遷來的中學在港發展教育，其中大部分被迫移往澳門開辦，只有若干有教會支持的學校，或有社會名流支持的學校，才能在港設立分校。文武廟義學當時已有六間校舍，每間校舍平均有四間課室，每課室容納學生超過 40 人，共有 1,184 名學生，新例實施之後，最先受影響的就是這六間免費學校。因為照新例規定，每班不能超過 40 人，就要消減 220 名學生，這 220 名學生就要失學。

如果政府大量興建官立小學的話，收容更多的學童，那就不會成為問題，超額的 220 名學生，可撥給官立小學繼續升學，但政府並未如此去解決教育問題，卻在硬性執行新的條例，大有兒童失學是兒童的事，政府沒有義務去解決失學兒童之理。於是負責管理文武廟義學的東華三院總理們，就大傷腦筋。結果總理們想出一個巧妙的方法應付，這方面當時稱為 "二部制"。其辦法就是將學校分為上午班和下午班，將上午班上課時間提前一小時，將下午班下課時間推遲二小時，於是上下午班上課時間，與原本全日制相差不遠，不會影響學生授課時間，這一來，便不僅不會減縮學位，反而增加了大量的學位。

依照新例，本要消減 220 名學額，現在改為 "二部制"，上午班可收 960 名學生，下午班又可收 960 名學生，原要減縮的 220 名學生撥入下午班，則下午班尚可多收 700 多名學生，立即適應了當時香港急需學校解決教育的形勢，使更多的兒童能接受教育。

現時本港學校很多都分上午班和下午班上課，這種上下午班上課制度，是文武廟義學首先創立的。[20] 相信很多現任教師都不知道這種上下午班的教育制度，是在一個毫無教育政策的時代，由管理文武廟義學的熱心人士開其先河的。

1939 至 1940 年間，湧入香港的中國人，有很多真的是赤貧的難民，他們是逃避日軍的屠殺而進入香港的。來到香港之後，只能出賣賤價的勞力謀兩頓飯吃，其中很多人都是文盲。文武廟義學為此又開設了很多夜校，為日間工作的人，提供在晚上接受教育。這些夜校，分為中文識字班和英文識字班，以教授認識基本的漢字和英文字為主。此外又為女子開設夜校家政班，又為一些全無技術的青年開設工科夜校，教學生紡織藤器和做木工。另又開設商科夜校，教些基本的商業簿記常識，希望他們能學到一點技術，以便謀生。文武廟在當時來說，是唯一正視香港教育問題的機構。由於它的倡導，有很多社團都依照它的

20　編者註：在 1993 年，香港開始逐步推行小學全日制，興建新校舍以分拆上下午校。至 1998 年《施政報告》中，政府明確表示全面落實推行小學全日制，更完善的千禧校舍大量落成。全日制的中小學校開始取締半日制學校，成為社會主流，現時半日制的中小學校已寥寥可數，然不少幼兒園仍有半日制度。

辦法去倡立免費學校、辦夜校、辦識字班和職業輔助學校。

在 1941 年 12 月 8 日之前,文武廟、慶福祠和天后廟等廟宇,共有十二間規模相當大的免費學校,其中男校八間,女校四間。及後日軍攻佔香港,這些學校全部停辦了。因淪陷期間,貧苦的學童要追隨父母為兩頓口糧而奔赴終日,飯也沒得吃,誰還有能力讀書?有些校舍在戰爭中遭破壞,有些校舍被飢餓的居民進去將書桌甚至連窗門的木料也拆下來,砍開了作柴出售。這十二間學校被破壞不堪,雖有熱心教育的人,亦無能為力。

日本投降,香港重光之後,東華三院到 1946 年才著手修理必列者士街 37 號的校舍。這時的天后廟兩間"書院"修復,購置枱櫈,將原名"天后廟免費小學校"改為"九龍第一免費小學"。兩間學校戰後開辦之初,即有很多學生報名求學,因此亦照戰前的制度,分上午和下午兩班,共收學生 556 名。1947 年,原本在駱克道的文武廟灣仔免費小學的校地,因戰爭時被炸彈炸毀,此時將之重建,並將四樓打通,恢復原本的免費小學,這一間稱東華三院香港第四小學。而第三小學,則將黃泥涌的校舍修復,作為第三小學的校舍。從此之後,"文武廟"三字已不再出現於各免費小學的招牌上。

文武廟這間古老的廟宇,原來肩負起本港開埠以來的中文教育重任，如非考查各種史料，實在難以令現代的教育工作者相信。在現代觀點看來，廟宇是迷信的場所，和教育毫無關係，怎會對香港教育產生如此重大的影響呢？文武廟開辦義學，創立了上下午班制度，這種制度被本港教育當局所採納。當 1950 年之後，本港興建各區的官立小學時，亦採用此種制度。文武廟義學因為初期有冒名頂替的事出現，該校創立學生在報名時要照相的先河，成為本港學校在報名時須交出學生相這種制度的始創者。它的很多措施，都在影響以後的香港教育。

"免費教育"這個概念，也是由文武廟首創的，現時本港實行九年免費教育[21]，誰想到在百年前文武廟已經以"免費教育"為己任？當時連書簿費也不需學生負擔，比起現時的免費教育來，又顯得當年文武廟所辦的免費學校，是真真正正的不用學生家長負擔分文的學校。

現時我們到文武廟內去參觀，看到廟內有一個大香油箱，上寫"親手種福"四個大字，這是讓拜神的人將香油錢自動投入香油箱內。這筆錢最初為辦學而設的，現在由於政府有責任負擔各免費學校的經費，香油箱內的金錢，則作多種慈善用途。廟宇成為籌集

21　編者註：回歸後，特區政府在 2009 年開始，將免費教育由九年伸延至高中十二年。香港政府於 1978 年開始推行的小一至中三「九年免費教育」成為歷史。

慈善資金的場所，正足以平衡廟宇對迷信的影響力。
它在社會上的功能，應該是比場外投注站較佳，未知
有識之士以為然否？

· **香港文庫**

執行編輯：梁偉基

· **香港西區街道故事**

責任編輯：朱卓詠

書籍設計：吳冠曼

封面設計：曦成製本

書　　名	香港西區街道故事	
著　　者	魯　金	
出　　版	三聯書店（香港）有限公司	
	香港北角英皇道 499 號北角工業大廈 20 樓	
	Joint Publishing (H.K.) Co., Ltd.	
	20/F., North Point Industrial Building,	
	499 King's Road, North Point, Hong Kong	
香港發行	香港聯合書刊物流有限公司	
	香港新界荃灣德士古道 220-248 號 16 樓	
印　　刷	美雅印刷製本有限公司	
	香港九龍觀塘榮業街 6 號 4 樓 A 室	
版　　次	2021 年 12 月香港第一版第一次印刷	
規　　格	大 32 開（140 × 210 mm）288 面	
國際書號	ISBN 978-962-04-4804-1	